RYBEN, JÉSUS ON LINE

H. ASTER

RYBEN
Jésus on line

Roman

Pour tout contact :
Editions Normant — 2 rue Crucy — 44005 Nantes Cedex 1

A Manon, Raphaël et Alice

Prologue

« 12 janvier 2002, New York.

Je m'appelle David Brayn. Je suis un vieil homme de 73 ans, qui touche au but. Je lègue ce Manifeste *à l'humanité : il retracera mes travaux pour la postérité, car je ne pourrai plus le faire moi-même. Il m'aura fallu des dizaines d'années de travail acharné et continu pour y parvenir, mais j'ai réussi. J'ai sacrifié ma vie entière à cette quête, laissant aux autres les plaisirs matériels et fugaces. Je n'ai ni femme ni amis. Je n'en ai jamais eu. Peu importe, vous allez voir que j'ai plus apporté à l'espèce humaine que des sentiments douteux.*

Initialement, mes recherches portaient sur les interactions entre physique nucléaire à libération d'énergie et champs magnétiques. Je savais pouvoir combiner les deux sciences pour mettre en évidence l'existence d'une autre dimension qui ne serait pas soumise aux contraintes de l'attraction terrestre et de la gravitation, lesquelles, je l'avais compris, faussent tous nos calculs. Cette hypothèse fondamentale sous-tendait un travail de recherche gigantesque, puisqu'elle mettait en cause les principaux postulats régissant la physique moderne. Il me fallait tout bonnement reconstruire un nouveau référentiel, que j'appelai 'référentiel de Brayn'. Mes premières expériences furent concluantes. Elles permirent de démontrer que l'énergie présente d'autres formes lorsqu'elle est libre d'évoluer dans un cadre non détériorant. Débarrassée des contraintes de masse et de friction moléculaire, elle se retrouvait également, comme je l'escomptais, libérée des notions de temps et d'espace.

Malgré leur caractère révolutionnaire, ces premières conclusions restaient théoriques. Je ne souhaitais pas les publier en l'état et permettre à d'autres d'en explorer les applications pratiques, sans aller moi-même plus avant dans l'expérimentation. L'état déliquescent de notre environnement scientifique en la matière, proche de l'âge de pierre, ne me fournissait malheureusement pas les instruments adaptés aux expériences que la théorie de Brayn exigeait.

Il y a environ dix ans, l'avènement d'Internet et la montée en puissance du numérique offraient soudain un cadre expérimental à mes recherches. De quoi avais-je besoin en effet? D'un nouvel espace de travail indépendant des adhérences terrestres, du temps, et de la matière. Alors que j'aurais passé des années à simuler par moi-même un tel support virtuel, le web me l'apportait sur un plateau. Tout devenait possible.

Une première série d'expérimentations dépassa toutes mes espérances. Mes théories furent vérifiées en seulement cinq années.

Ce cadre de travail idéal m'offrait de telles perspectives que je décidai d'aller encore plus loin avant de faire connaître au monde le fruit de mes travaux. J'avoue aujourd'hui que j'y ai pris un réel plaisir, que je n'avais nul besoin de faire partager à mes congénères aveugles. Aussi passai-je les cinq dernières années à partir à la conquête de ce nouveau monde.

Pour mener à bien cette exploration, je décidai de construire une plate-forme virtuelle, assimilable à une immense station orbitale, qui me donnait un point d'accès inter dimensionnel. Pour me déplacer dans cet espace, et pour permettre aux futurs observateurs de mes découvertes de le faire d'une manière ludique, j'eus l'idée de créer un personnage virtuel, une sorte de Lara Croft masculin, que je dénommai Ryban.

Ryban, anagramme de Brayn, constituait également mon avatar. Je me dotais ainsi d'une représentation numérique dans un espace numérique.

À l'heure qu'il est, la plate-forme inter dimensionnelle est en orbite et Ryban est pleinement opérationnel. Je le trouve même particulièrement agile et habile.

C'est Ryban qui sera chargé d'établir la liaison finale. Il se connectera par Internet, d'où il est, sur un site très particulier. J'ai construit ici un siège spécial, dans mon appartement, entouré d'un champ magnétique puissant, qui annihile sur moi les effets de la gravitation. Il permet, en d'autres termes, de libérer mon énergie de sa prison physique : mon corps.

Enfin, à l'instar d'un son ou d'une photographie numérisée, mon image énergétique pure sera traduite numériquement. C'est sur elle que Ryban pointera au moment du contact.

Dans quelques heures, j'établirai cette liaison inter dimensionnelle.

Le manifeste de Brayn *présente l'ensemble de mes travaux en mettant l'accent sur les conclusions-clés et les derniers développements qui en constituent l'aboutissement.*

J'espère sincèrement qu'il pourra être lu et compris, car je crois pouvoir dire qu'il renferme la plus grande découverte de l'Histoire de l'humanité.

Faites-en bon usage.

Pour ma part, je vous quitte : j'ai rendez-vous avec mon double énergétique. »

Entrée en matière

Ryben était doté d'une vision quasi panoramique.

Il pouvait, dans certaines circonstances, visualiser simultanément les espaces diamétralement opposés. Depuis quelques secondes, cette faculté était activée et lui permettait d'observer alternativement sur sa droite et sa gauche, devant et derrière lui. Aucune de ces visions n'était rassurante.

En face, on distinguait maintenant nettement l'immense précipice dans lequel il avait failli sombrer. Le gouffre était alors masqué par un épais brouillard tourbillonnant, aux reflets bleutés et orangés. Il avait pu stopper sa course en raidissant brusquement ses deux jambes vers l'avant, à la manière d'un skieur nautique.

À sa droite, se dressait l'énorme rocher ardent, masse rougeoyante de laquelle s'échappaient par endroits des volutes de fumée incandescentes. Il connaissait le danger que représentait le contact de cette matière et refusait de s'y risquer à nouveau.

Derrière lui, approchaient inexorablement les hommes de la Cité auxquels il avait pu échapper, sans doute par miracle, la nuit précédente. Leur clameur se faisait plus distincte. On parvenait désormais à isoler leurs cris stridents, semblables à ceux des bergers bédouins hélant une bête échappée du troupeau.

Les hommes de la Cité étaient présentés comme une sorte de race supérieure. Ils étaient à la fois intelligents et redoutables. La légende voulait qu'ils détinssent le pouvoir, notamment celui de vie et de mort. Ils supprimaient simplement tous ceux qu'ils jugeaient nuisibles à la bonne marche de leur organisation.

Dans 12 secondes, les hommes de la Cité auraient rejoint Ryben.

À sa gauche enfin, une horde d'hommes de l'Actualité, excités, fondait sur lui. Leurs intentions n'étaient pas directement malveillantes mais la règle voulait qu'on ne puisse s'enfuir de leur côté. Ils étaient programmés pour immortaliser l'événement ; et l'événement, à cet instant, c'était la mort de Ryben.

Il fallait maintenant agir vite.

Ryben mit un genou à terre. Il porta la main droite derrière sa tête et saisit prestement son sac à dos, qui s'ouvrit. En plus de son *Manifeste* scellé, le sac renfermait un miroir, le plan millimétré d'un labyrinthe, un thésaurus présentant une association de chiffres et de pictogrammes, une paire de chaussures. Ryben prit le temps d'observer les baskets en cuir noir.

Celles-ci avaient la particularité de présenter une semelle extérieure criblée de petits trous, à l'inverse de chaussures d'athlétisme.

Il lui restait 5 secondes pour réagir.

La décision de saisir les chaussures d'athlétisme inversées fut suivie d'un effet immédiat : Ryben, d'un de ces bonds furtifs dont il était coutumier, se retrouva face au précipice. Encore une seconde d'hésitation, puis il bascula dans le vide, ou plutôt y flotta. L'épais brouillard semblait comme aspiré par ses pieds : il s'engouffrait dans les petits trous des semelles spéciales, ce qui générait une sorte de matelas nuageux sur lequel Ryben surfait. Ses longues tresses blondes, si particulières chez un homme, flottaient derrière lui comme deux drapeaux. Le ciel, en arrière-plan, s'éclaircissait et dessinait par contraste son corps agile et tendu.

La sonnerie du téléphone retentit.

Ryben fit encore quelques mètres puis se figea.

— Oui ? Ah, c'est toi, Marie. Non, je ne l'ai pas oublié… Mais tu as bien fait d'appeler, j'étais, comme qui dirait… dans les nuages ! O.K. pour 20 h 15 si tu préfères… Bien sûr que je t'attends si tu as du retard. Tu sais, il y a de quoi s'occuper au Click's, même seul ! Allez, à ce soir, je t'embrasse.

Juddy Desmith ferma sa session *Ryben*, répondit < OK > pour enregistrer sa partie, valida son décompte de temps de connexion. Avant d'éteindre son micro, il jeta un coup d'œil à l'horloge en bas de l'écran : 13 h 50 ! Difficile d'être à l'heure au briefing quotidien du journal ! En même temps qu'il réfléchissait à la justification qu'il pourrait donner, il s'interrogeait sur les raisons d'un tel engouement pour ce jeu.

Décidément, ce jeu vidéo en ligne, *Ryben, le messager du nouvel Eden*, avait quelque chose de particulier.

ÉPISODE 1

« J'ai l'honneur de vous présenter l'heureux papa de Ryben »

Le taxi s'arrêta au 24 de la 45e avenue. Bryan Vecler demanda un reçu, paya sa course et en descendit. Le taxi redémarra brutalement derrière lui, puis se fondit dans la circulation, dense à cette heure-ci. La montre de Vecler marquait 18 h 15.

New World Net disposait désormais d'un building à part entière. L'expansion record de la société l'avait poussée à inaugurer ici, il y avait tout juste un mois, son troisième siège social en 2 ans. Vecler admirait l'entrée du bâtiment, majestueuse et futuriste. Elle était encadrée par d'immenses colonnes de style romain, conçues dans une matière translucide, éclairées de l'intérieur par des lumières noires. Trois planètes, également transparentes, semblaient flotter au-dessus de la porte géante.

Elles renfermaient les trois lettres d'argent — N - W - N –, reformant ainsi le logo de l'entreprise, fournisseur d'accès multimédia.

Bryan Vecler pénétra dans le hall d'accueil. Deux cascades d'une vingtaine de mètres, transperçant une végétation luxuriante, venaient s'écraser dans une sorte de lac intérieur. Pour parvenir à l'accueil proprement dit, visiblement situé à une cinquantaine de mètres plus loin, on devait emprunter un tapis roulant recouvert d'une carapace en plexiglas. Ainsi protégé, le visiteur pouvait traverser le lac équatorial sans craindre d'être éclaboussé. Le tunnel s'arrêtait sur une plate-forme, constituée de la banque d'accueil et de quatre départs d'ascenseurs extérieurs vitrés. Au fond de la pièce, un écran géant diffusait en boucle les derniers spots publicitaires à la gloire de la firme aux trois lettres.

Assise derrière la banque d'accueil, attendait en souriant une hôtesse sublime, au visage sans doute issu d'un magazine de mode. Ses cheveux blonds platine, tirés en arrière, paraissaient maintenus par l'arceau d'un casque léger, muni d'une oreillette et d'un microphone discret, longiligne.

Vecler s'approcha. Il était vêtu d'un costume gris foncé, légèrement satiné, et d'un polo noir à col en V, très près du corps. Il n'avait pas quitté ses lunettes noires.

— J'espère que vous savez nager ! lança-t-il à l'hôtesse d'accueil en guise d'introduction.

L'hôtesse prit une expression amusée, dont Vecler ne savait par quoi elle était inspirée, mais peu lui importait.

— Les tests de recrutement chez NWN comprennent un cinquante mètres nage libre, rassurez-vous, monsieur Vecler, répondit-elle avec un œil coquin.

Le regard de Bryan Vecler s'attardait sur le décolleté de sa vis-à-vis.

Sa position inférieure favorisait l'observation de la naissance d'une magnifique poitrine bombée. Sur le revers de sa veste, l'hôtesse portait un badge intégrant notamment sa photographie et son prénom.

— Humour et perspicacité, vous me plaisez beaucoup, Helena, poursuivit Vecler en relevant ses lunettes noires sur le haut de son front.

Il ponctua sa phrase en fixant les yeux verts d'Helena. Elle eut un léger sursaut. Des yeux gris clair de Bryan Vecler émanait comme une clarté, soutenue par le contraste de pupilles anormalement dilatées. Les reflets de ses cheveux argentés, plaqués en arrière et gominés, renforçaient la lumière de son visage.

— Monsieur Leederman vous attend, monsieur Vecler, je le fais prévenir de votre arrivée, bredouilla-t-elle.

Elle sélectionna un numéro sur son écran puis parla par l'intermédiaire de son microphone portatif.

— Kate ? Monsieur Vecler est à l'accueil… D'accord, dans une minute. Elle cliqua sur un bouton du standard multimédia pour raccrocher.

— Monsieur Leederman descend vous chercher, monsieur Vecler, l'informa-t-elle.

Vecler s'accouda à la banque et se pencha vers l'hôtesse, tout en lui faisant signe de s'approcher, avec l'index. Elle avança le buste, un rien décontenancée. L'espace d'un instant, Bryan Vecler se dit qu'il aurait presque pu l'embrasser directement, mais préféra poursuivre son idée première.

Il fit glisser le casque d'Helena derrière sa nuque puis colla sa bouche près de son oreille.

— Je préfère que ça reste entre nous, expliqua-t-il, puis il poursuivit en chuchotant : dans une minute, je vais devoir suivre Leederman et interrompre notre conversation. Peut-être ne nous reverrions-nous jamais si je n'avais pas le temps ou l'opportunité, à la fin d'une discussion banale, de vous poser la question que j'aurais voulu amener…

Vecler marqua un temps d'arrêt pour vérifier qu'Helena ne faisait pas mine de reculer. Elle restait collée contre sa joue.

— Comment puis-je vous revoir ? lâcha-t-il.

La réponse attendue fut remplacée par la courte sonnerie signalant l'arrivée de l'ascenseur. Il se redressa avec agilité, sans affolement. Helena repositionna son casque avec la même habileté.

Un homme d'une cinquantaine d'années, chauve, rondouillard, vêtu d'un costume bleu marine, s'avançait vers eux en souriant, la main tendue.

— Très heureux de vous recevoir, monsieur Vecler ! John Leederman, président de *New World Net*.

L'homme parlait haut et lui serra la main avec vigueur, en lui tenant le coude avec sa main gauche, à la manière d'un homme politique en campagne électorale. Il continua :

— Merci de votre ponctualité, nos internautes attendent déjà !

— Merci, monsieur Leederman. Vous êtes ponctuel également, je n'ai même pas attendu une minute ! répondit Vecler en jetant une œillade entendue à Helena. Il remarqua qu'elle griffonnait un bout de papier.

Leederman entraînait déjà son invité vers l'ascenseur quand Helena intervint :

— Monsieur Vecler, votre badge ! (Elle tendait le badge dans sa direction, l'agitant comme un drapeau.)

— Inutile, trancha Leederman, Bryan est avec moi, il n'a pas besoin de badge !

Dommage, se dit Vecler qui avait compris l'initiative d'Helena. Ce n'est que partie remise, ma belle, pensa-t-il en disparaissant dans l'ascenseur.

* * *

La décoration de l'immense bureau de John Leederman offrait un mélange audacieux d'objets futuristes et de matières nobles.

Leederman et Bryan Vecler s'étaient assis l'un en face de l'autre dans l'espace-salon du bureau.

— Nous avons suivi votre opération avec grand intérêt, commença Leederman. Vous avez eu une idée de génie. Un mécanisme d'utilisation du jeu qui exploite pleinement les nouveaux supports de communication, associé à une manière adaptée de vendre votre produit. Vous y apportez une touche de spiritualité de bon aloi, dont les gens sont friands.

Leederman fit une mimique admirative qu'il confirma par ses propos :

— Vraiment toutes mes félicitations, votre succès est mérité !

Bryan observait cet homme jovial, qui, en quelques mots, venait de parfaitement résumer son entreprise. Pourtant, il ne percevait aucune ironie dans le ton de Leederman. Cet exposé aurait dû le conduire à conclure à l'extrême simplicité de l'opération et donc à son manque d'intérêt.

— Comme toute idée lumineuse, elle paraît évidente maintenant qu'elle est connue, reprit Leederman comme s'il avait lu dans ses pensées.

— Je vous remercie, John. Les encouragements d'un homme de votre réputation me flattent sincèrement. Je vous avoue toutefois que je reste surpris par l'ampleur et la rapidité du succès !

— Alors, vous allez l'être à nouveau, continua Leederman en souriant. On m'a informé tout à l'heure que nos serveurs de réseaux donnaient déjà des signes de faiblesse. Vos fans sont en ligne par centaines de milliers depuis 17 h 30, heure de l'ouverture du t'chat ! Ma collaboratrice, Marie Curtis, vous expliquera tout ça en détail. Avant de la rejoindre, j'aimerais vous entretenir d'un autre sujet.

John Leederman s'interrompit. Il semblait se concentrer sur la manière de développer la suite de son propos : choix des termes, enchaînement des phrases occupaient momentanément son esprit. Bryan Vecler savait parfaitement ce que le PDG de NWN allait lui proposer.

— Voilà, reprit Leederman, vous connaissez la vocation de *New World Net* : offrir des services multimédias en ligne. Nous savons vous et moi qu'in fine, ce qui compte, ce n'est pas les supports mais le contenu. Seul le contenu est différenciateur. Nous développons actuellement des partenariats avec des chaînes de télévision, des journaux, des prestataires de services en ligne. Notre ambition est de fédérer l'ensemble et de maîtriser toutes les cartes que nous distribuons, pour gagner à coup sûr.

Votre idée innovante, poursuivit Leederman, ne le restera pas longtemps. Tous les éditeurs de jeux vont suivre cette voie, qui est la bonne. Nous, nous préférons nous associer avec l'original plutôt qu'avec les copies. Bryan, NWN croit réellement en vous. Nous vous apportons tous les capitaux dont vous avez besoin, sans justificatifs, en échange de l'exclusivité de vos émissions futures. En outre, vous bénéficierez ainsi de notre infrastructure réseau, la plus puissante du monde.

Leederman avait insisté sur chaque mot de cette proposition, comme pour en souligner le caractère exceptionnel.

— Je ne m'attendais pas à une telle offre, monsieur Leederman, mentit Vecler. Vous savez que je n'étais pas venu parler affaires aujourd'hui. Laissez-moi quelques jours pour réfléchir. En fait, j'ai ma propre entreprise, et je tiens à mon indépendance.

— Bien sûr, Bryan. Mais que veut dire indépendance ? (Leederman employait un ton paternaliste.) Avec nous, vous restez maître du jeu, sans jeu de mots ! Liberté créatrice, délais, direction des opérations… vous continuez à décider de tout. Avec des moyens énormes à votre disposition… De quoi satisfaire l'expression de votre génie. Pour vous en convaincre, je me suis permis de faire préparer un projet de contrat à votre intention. Étudiez-le à tête reposée, et vous constaterez qu'il ne s'agit nullement de vous décharger de vos responsabilités !

Tout en parlant, Leederman avait ouvert une chemise bleue qui patientait jusqu'ici sur la petite table en verre qui les séparait, l'avait refermée puis la tendait maintenant à son invité.

— Je ne prends jamais de porte-documents ou d'attaché-case, John, c'est une habitude. Faites-moi parvenir ce projet par e-mail, ça ne vous ennuie pas.

Il lui tendit sa carte de visite. Leederman la glissa dans la chemise du contrat.

— Comme vous voudrez, convint-il. Appelez-moi la semaine prochaine, quand vous l'aurez lu, Bryan, et on déjeunera ensemble pour en discuter, si vous le souhaitez.

— O.K. pour moi, opina Vecler. Je vous appelle.

John Leederman se leva avec entrain.

— Allez ! Il est temps de rejoindre nos clients, avant qu'ils ne fassent exploser nos tuyaux !

* * *

La pièce dans laquelle John Leederman amena Vecler était spécialement conçue pour les t'chats, équipée comme un studio de radio multimédia.

Elle renfermait essentiellement une grande table ronde, dans laquelle étaient incrustés des écrans d'ordinateurs et autant de claviers, légèrement inclinés.

Des microphones étaient scellés de part et d'autre des écrans, sur lesquels étaient fixées de petites caméras permettant de transmettre les images des intervenants.

— J'ai l'honneur de vous présenter l'heureux papa de *Ryben*, annonça Leederman à sa collaboratrice. Bryan, je vous présente Marie Curtis, directrice des opérations « Direct on line » et membre du comité exécutif de NWN.

Marie Curtis, délaissant son clavier, tendit la main à Vecler.

— Ravie de vous rencontrer, monsieur Vecler, dit-elle avec un léger accent dans la voix. Je vous connais déjà un peu par l'intermédiaire de votre personnage.

— Ryben n'est pas un avatar, mademoiselle Curtis, répondit immédiatement Vecler en lui serrant la main. Il bénéficie d'une pleine autonomie d'action et même de pensée. Je me contente de lui apporter le support d'expression dont il a besoin.

En quelques fractions de seconde, Vecler avait analysé Marie Curtis, sur plusieurs plans.

Marie n'était pas très grande, 1 mètre 60 environ. Elle était particulièrement mignonne et dégageait une forte présence. Ses cheveux noirs étaient tenus par une longue tresse. Une fois dégagés, ils devaient recouvrir ses seins. De fines lunettes reposaient sur son petit nez, légèrement retroussé, doté de narines expressives. Encore agrandis par les verres de ses lunettes, de grands yeux bleus pétillants lui mangeaient le visage.

Un rapide coup d'œil sur sa physionomie permettait d'entrevoir de belles formes arrondies, bien qu'elles fussent cachées par son blazer ivoire, trop classique. Vecler ne lui donnait pas plus de trente ans.

Le regard était franc et intelligent mais légèrement craintif, comme si Marie percevait l'analyse morpho-psychologique dont elle était l'objet. Le ton de sa voix claire, à l'accent sans doute français, présentait une pointe d'ironie et un rien d'agressivité, malgré la présence de son patron qui pourtant devait l'obliger à une grande courtoisie.

Bryan Vecler, en même temps qu'il pratiquait cette autopsie-éclair sur sujet vivant, pensait déjà au plaisir qu'il allait prendre avec elle. Son côté « animal sauvage » méritait un dressage sévère, il en avait les moyens.

— Où en est-on, Marie? intervint Leederman, comme pour la libérer de l'emprise du regard de Vecler.

Marie tourna la tête vers le fond de la pièce, en direction d'une horloge murale ovale, pourvue d'aiguilles bleues fluorescentes. Vecler et Leederman accompagnèrent son mouvement. Tous trois constatèrent qu'il était 18 h 50.

— La séance débute officiellement dans 10 minutes, précisa Marie Curtis. Est-ce suffisant pour vous préparer, monsieur Vecler, ou préférez-vous qu'on annonce un petit décalage ?

— Je suis prêt, mademoiselle, répondit sereinement l'invité du t'chat. Mes réponses dépendront des questions, je n'ai donc rien à préparer.

— Bien, je vous rappelle le principe de ce t'chat, reprit Marie. Chaque internaute dispose d'un pseudo garantissant son anonymat. Toutes les questions sont dirigées vers un « standard modérateur », situé dans la pièce voisine. Cinq collaborateurs sont chargés de faire un premier tri. Ils ne seront pas de trop, vu le nombre record de connexions. J'ai fait un point juste avant votre arrivée, nous en étions à 1 850 000 entrées environ, ce qui est phénoménal. Nous avons dû doubler nos serveurs pour supporter la charge. Les questions triées sont acheminées dans cette pièce, sur ma console. J'opère un dernier niveau de modération dont l'objectif principal consiste à vous transmettre les questions avec un minimum de cohérence. Nous recherchons l'effet crescendo pour ne pas lasser les visiteurs. Je crois que vous avez souhaité ne pas être filmé ?

Marie semblait attendre une justification de Bryan Vecler. Il prit le parti de ne pas satisfaire sa curiosité.

— Effectivement, répondit-il simplement.

— Dans ce cas, reprit Marie, nous pouvons projeter des extraits du jeu, si vous n'y voyez pas d'inconvénient, dans l'emplacement de droite prévu pour l'image de l'interviewé.

— C'est inutile, intervint Vecler. L'un des principes du jeu est d'être adapté à chaque joueur. Une vision commune, même non interactive, en déformerait l'appréciation. Certains internautes sont connectés par curiosité, parce qu'ils ont été accrochés par vos bandeaux d'annonce ; ils ne connaissent pas le jeu. Je préfère qu'ils découvrent *Ryben* par eux-mêmes.

— Bryan a raison, renchérit Leederman. Ne gâchons pas le suspense pour combler un vide sur l'écran. Collons simplement une image statique du héros virtuel.

— Alors, allons-y ! trancha Vecler en se dirigeant vers le siège qu'il avait déduit être celui de l'invité.

Marie s'installa à son tour. Elle tapota sur son clavier. Bryan Vecler vit sur son écran s'afficher le message d'ouverture du t'chat dont il était le héros.

Leederman, quant à lui, sortit de la pièce en expliquant qu'il retournait travailler et qu'il suivrait épisodiquement l'émission sur son propre micro.

Les premières questions que lui adressa Marie étaient d'ordre général. Elles portaient essentiellement sur *Ryben* et sur son avenir. Vecler y répondait rapidement et simplement, mais n'apportait aucune réelle précision, par rapport à la connaissance que pouvait en avoir un joueur chevronné.

— Ah ! Celle là est intéressante, lança-t-il à Marie qui venait de lui transmettre la question suivante :

« Je trouve le système de paiement à la durée de connexion injuste, monsieur Vecler. Il pénalise vos meilleurs clients, c'est-à-dire ceux qui jouent, comme moi, le plus longtemps. D'habitude, la fidélité du client donne droit à des conditions particulières préférentielles… et non l'inverse ! ».

Vecler apporta une réponse certainement préparée à l'avance :

« Je ne pense pas qu'un système de paiement lié à la durée d'utilisation soit injuste. Quand on utilise souvent sa voiture, on achète plus fréquemment de l'essence que les autres, mais on peut voyager plus. J'ajouterai, en outre, que vous serez récompensé de votre fidélité : plus on joue à *Ryben*, mieux il réagit. En réalité, un joueur expert avancera plus vite que les autres, verra plus de choses, dans un temps plus limité, donc moins coûteux.

Enfin, pour vous rassurer sur le coût total d'utilisation du jeu, je vous informe qu'il faudrait 250 heures de connexion pour arriver au prix de vente d'un jeu traditionnel, sur DVD. Nous estimons la durée réelle d'utilisation d'un jeu vidéo sur DVD à 100 heures. Virtuellement, *Ryben* est le jeu le moins cher du marché alors qu'il a demandé l'investissement le plus lourd de toute l'histoire des jeux vidéo. »

Marie, qui venait de lire la réponse, ne put s'empêcher d'ajouter à voix haute :

— Grâce, notamment, aux économies de packaging et de distribution…

— Bien vu, mademoiselle Curtis, confirma Vecler. J'ai toutefois un budget de communication plus important en l'absence de relais de distribution. Heureusement que des partenaires comme NWN m'offrent gracieusement leur support !

Marie ne répliqua pas et lui transmit la question suivante.

« Que contient le *Manifeste* de Ryben, pourquoi ne peut-on pas le lire ? »

La réponse de Bryan Vecler s'afficha dans la zone de dernière réponse :

« Certains d'entre vous, les plus rapides, le sauront en partie dès aujourd'hui. *Le Manifeste* contient 10 chapitres. À partir du 3e épisode de *Ryben*, celui qui a été mis en ligne ce matin, la réussite du parcours dévoilera un chapitre du *Manifeste*. La cadence d'un épisode par mois sera maintenue, ce qui donne un an pour lire le *Manifeste* en intégralité. »

Un autre internaute demandait pourquoi le jeu réagissait différemment en fonction du joueur.

« Secret de fabrication ! répondit Vecler, puis il compléta : le principe technique est de faire appel à des composants élémentaires. Ceux-ci sont assemblés en temps réel, en lieu et place des séquences préenregistrées habituelles. L'assemblage des composants dépend de nombreux paramètres, y compris du temps d'hésitation du joueur. À titre de parallèle, prenez le jeu d'échecs : toute partie utilise les mêmes pièces, mais aucune partie n'est identique à une autre. Ce concept est utilisé pour *Ryben*, de manière plus sophistiquée, les paramètres étant plus nombreux et les pièces évolutives… »

Marie laissa Vecler valider sa réponse puis l'interrogea :

— J'ai une question relative au pseudonyme de Ryben, par rapport à… à vous. Souhaitez-vous y répondre ?

— Avec grand plaisir ! confirma Bryan Vecler en regardant Marie Curtis avec insistance.

« Ma question porte sur le nom de Ryben. Certains disent qu'il s'agirait d'un anagramme de votre prénom, Bryan. Ce qui me chagrine, c'est la présence du E de RybEn au lieu du A de BryAn. Quand on fait un anagramme, on ne change pas de lettres… À moins que ça ne soit pour éviter la confusion avec une certaine marque de lunettes de soleil californienne !

Signé : Sivad. »

Bryan Vecler répondit sans délai, comme depuis le début de la séance.

« Cher Davis,

J'apprécie votre perspicacité et ne puis que me ranger à votre avis. D'ailleurs, pour Rayban, il aurait manqué un A ! Conclusion : Ryben n'a rien à voir avec Bryan.

PS : Poursuivez vos recherches et tenez-moi informé ! »

La vivacité de la réponse interloqua Marie Curtis. Cet homme, bien qu'il lui inspirât une sensation désagréable, faisait preuve d'une subtilité et d'une rapidité de réaction qu'elle n'avait encore jamais observées.

Pourtant, depuis qu'elle avait monté l'émission *Direct Online*, il y a un an, elle avait vu passer de nombreux personnages publics, stars du show-business ou politiciens, à cette même place. Aucun ne l'avait réellement impressionnée, même pas Miss H.C. candidate à la Maison blanche, qui ne savait pas taper sur un clavier !

Elle interrogea à nouveau son invité :

— Monsieur Vecler, j'ai un message en *zone private*, qui peut vous intéresser.

La partie *private* était une option offerte aux internautes connaissant personnellement l'invité, qui leur permettait d'envoyer des messages non publiés sur le t'chat public. Seuls l'invité, l'internaute en question et Marie Curtis voyaient passer questions et réponses de la *zone private.*

— Envoyez ! répondit Vecler avec entrain.

Le message s'afficha sur son poste :

« J'ai trouvé un moyen pour prolonger notre entretien, qui, je pense, vous conviendra, M. Vecler : celui-ci. Vous pouvez me joindre par e-mail ce soir, si vous le souhaitez.

Hel@liberty-internet.us »

Marie observait la réaction de Bryan Vecler. Elle vit une lueur furtive éclairer son regard singulier. Le reste du visage demeura impassible. La réponse s'afficha sur sa console de contrôle :

« Merci Helliot, et bien vu !

Je vous recontacte rapidement pour convenir d'une collaboration. Sincèrement, Bryan Vecler. »

Percevant l'attention de Marie, Bryan Vecler avait utilisé cette diversion pour répondre à Helena, l'hôtesse d'accueil de NWN. Les éléments dont Marie disposait, de toute façon, ne lui permettaient pas de comprendre de quoi il s'agissait.

— Il est presque 20 h 00, monsieur Vecler, indiqua Marie. On peut arrêter maintenant.

— Une petite dernière pour conclure, c'est possible ?

— Si vous le souhaitez. Attendez, j'en cherche une qui s'y prêterait…

Vecler s'était levé et vint se placer derrière le siège de Marie, les deux mains posées sur le haut du dossier de son siège. Le dos de sa main gauche effleurait l'épaule de Marie, de manière faussement fortuite. Elle fit mine de ne pas y prêter attention. Elle était occupée à faire défiler les centaines de lignes de messages emmagasinées sur sa console.

— On a le choix, lança-t-elle.

— Oui. Il faudrait prévoir une séance de rattrapage, ça m'ennuie de laisser toutes ces questions sans réponse !

— Stop ! Attendez une minute… Oui, celle-là !

Vecler appuyait de son index droit sur l'une des lignes de l'écran. Pour accompagner son mouvement, il avait pris appui de sa main gauche sur l'épaule de Marie. Elle lut rapidement la question choisie :

« Monsieur Vecler. Votre héros, Ryben, fait déjà figure de sex-symbol virtuel. Il n'a pourtant rien fait, dans les 2 premiers épisodes, qui mérite cette image. Comment l'expliquez-vous ? J'ai une deuxième question, un peu liée : Ryben croit-il en l'amour ? »

Avant de laisser Vecler répondre, Marie envoya le message suivant :

« Chers amis,

L'émission *Direct Online* touche à sa fin. Nous vous remercions de votre fidélité et de votre intérêt. Nous avons dépassé aujourd'hui, et pour la première fois, les 2 millions de connexions simultanées. Nous remercions également M. Vecler de sa présence. Il a souhaité répondre à une dernière question avant de clore le t'chat.

À la semaine prochaine.

Marie Curtis, NWN »

La dernière question s'afficha dans le cadre prévu à cet effet. Au-dessus, un texte clignotant indiquait « dernière question ».

Entre-temps, Vecler avait lâché l'épaule de Marie et était retourné à sa place. Il tapa immédiatement sur son clavier puis valida.

« Le statut de sex-symbol ne se recherche pas. Il s'obtient par une forme de fantasmagorie collective, phénomène que les stars du show-business connaissent bien. Certains en souffrent dans leur vie privée. Ryben, lui, n'a pas ce problème puisqu'il n'existe qu'en représentation publique.

Sans dévoiler ce que vous pourrez découvrir dans la suite des aventures de Ryben, j'ajouterai ceci sur votre question relative à l'amour :

Ryben ne connaît certainement pas l'amour physique, matériel, tel que nous l'entendons. Il ne saurait, à ce titre, confondre amour et désir sexuel.

Ryben, comme le suggère le titre du jeu, est un messager. Je pense que le contenu de son message a un rapport avec l'amour.

Je vous souhaite à tous de passer encore de bons moments avec Ryben. Je vous remercie pour la pertinence de vos questions et pour l'intérêt que vous avez ici manifesté pour Ryben.

Je lui ferai savoir !

Merci encore à tous.

Bryan Vecler. »

ÉPISODE 2

« Ce n'est pas encore très clair, mais c'est captivant ! »

Directement inspiré du concept d'Internet Café, le Click's était le nouveau lieu branché de New York.

Ce restaurant proposait à chaque client un accès au réseau mondial, par le biais de petites stations self-service, associées à chacune des tables.

Le bâtiment en lui-même, vu de l'extérieur, représentait un micro-ordinateur géant. Depuis que le réseau Internet intégrait pleinement les attributs multimédias : vidéo, 3D, son, et surtout programmes de télévision en ligne, les nouvelles générations de micro-ordinateurs avaient détrôné le poste de télévision. Le micro représentait désormais le média privilégié, voire universel, de communication, d'information et de loisirs.

Marie Curtis gara son véhicule dans le parking du restaurant, en forme de souris, au niveau vert.

Elle rejoignit l'enceinte du restaurant d'un pas pressé, se sachant en retard.

Les salles de restauration s'étendaient sur six niveaux. D'habitude, Juddy et elle préféraient « prendre de la hauteur » comme disait Juddy, et montaient directement au dernier étage. Elle emprunta l'ascenseur en forme de curseur, flèche pointée vers le haut. Parvenue au 6e, elle jeta un regard circulaire et aperçut rapidement le bras tendu de Juddy, qui visiblement la guettait.

Il avait choisi une table au fond de la pièce, jouxtant la baie vitrée géante. Cette surface en glace sans tain s'étendait sur toute la hauteur de l'édifice, symbolisant l'écran de l'ordinateur.

Juddy s'était levé et l'embrassa sur le front. Il ressentit cette légère crispation qui, même si elle avait peu à peu diminué avec lui, caractérisait le contact de Marie. Elle lui souriait néanmoins avec tendresse.

— Je ne sais pas pourquoi on s'obstine à venir ici, dit-elle, ce décor ne m'aide pas à oublier mon travail !

— Parce qu'il n'y a pas de restaurant en forme de journal, rétorqua Juddy, amusé. Mais, puisque tu en parles, j'ai pu suivre ici la fin de ton t'chat avec Vecler, je suis arrivé vers 19h45. Il a pas l'air con, ce mec.

L'affirmation de Juddy renfermait une question. Il était vraiment curieux de savoir comment était le père de Ryben en privé.

— Il est bizarre, précisa Marie. Difficile à cerner… Enigmatique, vif, très vif… mais satisfait de sa personne et dragueur par-dessus le marché.

— Ah bon ? Il t'a draguée ? insista Juddy, l'air faussement jaloux.

Il connaissait Marie et savait l'horreur que lui inspiraient les approches trop… masculines. Lui-même en avait fait l'expérience au début de leur relation. Marie avait dû lui expliquer qu'elle ne pouvait accepter qu'une tendre amitié et qu'elle était incapable d'avoir un rapport sexuel et de vivre avec un homme. En réalité, Juddy savait qu'elle l'aimait profondément. Mais elle préférait lui laisser sa liberté, ne pouvant le satisfaire au plan physique. Il s'en accommodait. Par amour pour elle, il vivait seul et ne s'affichait jamais avec une autre femme.

Ils avaient ainsi trouvé un équilibre, une forme d'accord tacite, non formulé par pudeur.

Marie lui téléphonait très fréquemment, plusieurs fois par jour, pour lui demander son avis sur tout et n'importe quoi. Ils se voyaient deux ou trois fois par semaine et s'échappaient parfois ensemble le week-end, jouant les amoureux. Leurs jeux s'arrêtaient au seuil de la chambre à coucher, que Marie ne voulait jamais partager avec lui, sans doute pour ne pas le tenter inutilement.

À quarante-deux ans, divorcé après avoir vécu quinze ans avec sa femme, Juddy connaissait l'effet dévastateur du temps sur l'amour conjugal.

À tout prendre, malgré les frustrations que générait cette situation, il préférait l'état de découverte permanente qu'elle imposait.

En vérité, il ne désespérait pas, secrètement, que Marie puisse évoluer sur le plan sexuel ; il attendrait, sans la brusquer, qu'elle soit prête.

— Pas franchement, il ne m'a pas franchement draguée, reprit Marie après réflexion. Je pense d'ailleurs que c'est ça son problème, ajouta-t-elle comme si elle venait de le comprendre, il n'est pas franc du tout. Non seulement dans sa façon de draguer, mais aussi, je le sens après coup, dans les réponses qu'il a faites, dans sa manière d'être…

— Bref, c'est un hypocrite, conclut Juddy.

— Non, pas vraiment non plus. Il y a quelque chose de plus profond que ça. Je dirais atypique, voire anormal plutôt qu'hypocrite.

Un frisson fit trembler Marie.

— Ouais, souffla Juddy pour dédramatiser, en tout cas, le jeu est génial, je n'arrive pas à en décrocher !

— Je ne l'ai même pas vu, avoua Marie, ça ressemble à quoi ?

— Esthétiquement parfait, mais surtout très réactif. On a vraiment le sentiment que tout ce qui arrive est commandé par sa propre pensée. Tout à l'heure, par exemple, j'ai utilisé des chaussures à trous pour franchir un précipice… Ne te moque pas, c'est vrai ! Eh bien, ça a l'air bête, mais j'ai le sentiment d'avoir eu l'idée le premier, et le jeu m'a suivi.

— C'est curieux ce que tu dis : c'est un peu ce qu'a expliqué Bryan à un internaute qui posait la même question. Il a précisé qu'il utilisait un mécanisme de composants élémentaires assemblés en temps réel, je crois.

Juddy réfléchit. Il chassa de son esprit le trouble induit par le fait que Marie ait cité le prénom de Vecler sans s'en rendre compte, pour se concentrer sur ce qu'elle venait de lui dire.

— C'est proche de l'intelligence artificielle, alors ! Que faisons-nous d'autre, toute la journée, si ce n'est d'assembler des composants élémentaires transmis par notre vue, notre ouïe, notre odorat… bref, nous nous adaptons en permanence aux situations et à leur évolution…

— Il y a un peu de ça, convint Marie qui n'avait pas franchement envie d'approfondir ce sujet. Mais en deux mots, le jeu, il parle de quoi ?

— Ce n'est pas encore très clair, mais c'est captivant ! On sait que Ryben est porteur d'un message. Il fuit. Lors de la première connexion, s'affiche une introduction sous forme d'un extrait de « la légende de Ryben ». Elle présente essentiellement ses ennemis : les hommes de la Cité, les hommes de l'Église. Les hommes qui font l'Actualité ne sont pas dangereux – tant mieux pour moi – mais ils empêchent de passer. Ensuite, il y a les pièges, les dangers naturels, etc. un peu comme dans tous les jeux vidéo. L'introduction explique tout cela en détail, sur un ton un peu biblique.

Le principe consiste, dans un premier temps, à aider Ryben à échapper à ses poursuivants. Ensuite, on nous dit qu'il faudra l'aider à délivrer son message et à le diffuser, je ne sais pas encore comment.

— Il faudra que tu me le montres, à l'occasion, suggéra Marie.

L'effet que semblait produire ce jeu sur Juddy l'intriguait plus que la description qu'il venait de lui en faire.

Juddy, en temps normal, n'était pas homme à se passionner pour un jeu vidéo. Il préférait lire et écrivait beaucoup, pour le journal. Elle l'avait connu à l'occasion d'un reportage qu'il avait réalisé deux ans auparavant sur NWN, lors de leur création très médiatisée, par fusion de deux sociétés géantes : l'une issue des médias, l'autre de l'Internet.

Leederman lui avait demandé de bien vouloir prendre en charge ce reporter du *New York Times*, n'ayant pas le temps de s'en occuper lui-même. Il avait cru bon de préciser qu'il avait toute confiance en elle et qu'elle saurait présenter la société et ses services aussi bien que lui.

Juddy lui avait plu immédiatement. Il était grand, mince, avait un visage anguleux, un long nez et de doux yeux de biche, très noirs. Il avait une voix grave et parlait doucement. Si Marie se sentait bien avec lui, c'est sans doute parce qu'il avait quelque chose de rassurant. Marie avait constamment besoin d'être rassurée.

Juddy fumait la pipe. Le flegme du fumeur de pipe, très marqué chez lui, contribuait encore à cette impression de sérénité.

Lors des interviews, Juddy avait fait preuve de beaucoup de tact, de patience et de gentillesse. Marie avait perçu qu'elle ne lui était pas indifférente et avait accepté de le revoir, lors de la parution de l'article, pour « arroser l'événement » comme il le lui avait proposé. Ensuite, ils ne s'étaient plus quittés, mais ne vivaient pas ensemble. Elle en avait terriblement envie mais se refusait à lui imposer sa chasteté. Elle pensait, en fait, qu'il ne pourrait le supporter et qu'il la quitterait, définitivement. Secrètement, elle s'imaginait parfois qu'ils vieilliraient ensemble, lorsque sa libido aurait disparu et qu'il ne lui resterait, comme à elle, que l'amour.

Une serveuse peu souriante vint déposer leurs énormes T-bone steaks sur la table. Elle repartait quand Juddy l'arrêta.

— Sans vous déranger, pourriez-vous apporter aussi la bouteille de vin que j'ai commandée, s'il vous plaît ?

La serveuse hocha simplement la tête et s'éloigna en grommelant, comme s'ils étaient fautifs de cet oubli.

— Effectivement, je ne sais pas si on va revenir, ajouta Juddy distinctement, pour montrer qu'il ne craignait pas d'être entendu.

Il avait horreur de l'incorrection et de l'impolitesse, surtout quand il s'agissait d'un service payant.

La serveuse mal lunée ne tarda pas à revenir avec la bouteille de vin, déjà ouverte.

Juddy avait décidé de ne rien lui laisser passer, pour la punir de son attitude.

— Vous ne savez pas qu'une bouteille de vin, surtout du vin français, s'ouvre devant le client ? Qui me dit que vous n'avez pas versé du vin courant dans la bouteille que je paie au prix fort ?

Il disait ces mots sans brutalité, avec son calme habituel. La serveuse rougit, plus d'énervement que de honte. Elle fit mine de repartir avec la bouteille mais Juddy l'arrêta en lui prenant le bras.

— Allez, ça ira pour cette fois. Mais poursuivez dans les règles de l'art, faites nous goûter ce breuvage divin !

La bonté naturelle de Juddy, une fois encore, avait pris le dessus, pensa Marie.

Il s'agissait d'une bouteille de vin de Bordeaux, mais pas d'un grand cru. Le restaurant ne disposait pas d'une cave extraordinaire.

— Il est très bon, dit Marie après en avoir fait rouler une gorgée dans son palais, dans une attitude de concentration qui plaisait beaucoup à Juddy. Ces grands yeux plissés, son petit menton légèrement pointé vers le haut, ses narines animées soulignaient encore la beauté de son visage, au lieu de le déformer.

Juddy savait qu'un vin français réjouissait toujours Marie. Elle vivait aux États-Unis depuis 10 ans. Elle avait quitté Marseille à l'âge de 18 ans pour venir s'installer ici, pour une raison que Juddy ne connaissait pas vraiment. Il lui restait parfois quelques souvenirs nostalgiques, qu'elle n'exprimait pas, mais Juddy le sentait.

Ils attaquèrent leurs 200 grammes de viande rouge, en silence. Au bout d'un moment, Marie interrompit sa mastication.

— À chaque fois que j'en mange, je me dis que je ne devrais pas, lança-t-elle.

— Pourquoi tu dis ça, tu n'as nullement besoin de faire un régime, tu es parfaite !

— Certes, fit-elle en balayant ses cheveux de la main pour mimer une posture de starlette, mais ce n'est pas le problème. Le problème, c'est de bouffer ces êtres vivants qu'en l'occurrence, nous avons tués à cet effet. Tu te rends compte que nous élevons et trucidons, de manière horrible, des millions d'animaux par an ? Ça ne semble effrayer personne – comme s'il était normal que l'homme, au-dessus des règles naturelles car soi-disant intelligent –, soit l'animal le plus sanguinaire de la planète !

— Tu essaies de me couper l'appétit ?

— Non, excuse-moi, je pensais à voix haute.

Elle poussa son assiette pour signifier qu'elle n'en mangerait pas plus. En réalité, elle avait quasiment tout avalé et ne laissait que de petits bouts de gras.

— Il se trouve qu'effectivement, nous sommes des animaux, enchaîna Juddy tranquillement, et en tant que carnivores normalement constitués, nous avons un besoin physiologique et instinctif de notre ration de viande. Tu n'y peux rien, c'est comme ça !

— Tu ne crois pas qu'on pourrait essayer de devenir végétariens ? demanda-t-elle avec la naïveté d'une enfant.

— Si tu veux, Marie, on essaiera. Mais rien ne nous dit que les plantes que nous élevons et arrachons ne sont pas des êtres vivants. D'ailleurs, elles le sont, forcément…

— Oui, mais ça n'est pas la même chose.

— En apparence, seulement, en apparence…

* * *

Bryan Vecler ne voulait pas perdre de temps.

Il faut battre le fer tant qu'il est chaud, se disait-il, en pensant à sa propre chaleur, générée par le désir que lui inspirait le souvenir d'Helena.

Sorti du building de NWN, à 20 h 30, il s'était dirigé vers un bar voisin. Marie Curtis était partie rapidement après l'émission, prétextant un rendez-vous. Lui avait dû discuter quelques minutes avec Leederman, qui l'avait chaleureusement félicité pour la qualité de sa prestation. « J'ai adoré ce petit jeu effectivement, John », lui avait-il rétorqué avec sincérité, car c'était vrai.

Il s'était assis dans un angle au fond du bar, de manière à disposer d'une vision panoramique sur l'ensemble de la pièce. Cette position favoriserait la détection d'une quelconque femme seule.

Il tapota sur le clavier de son mobile et adressa le message suivant, sur deux lignes, à l'adresse d'Helena qu'il avait mémorisée :

« Appelez-moi dès que possible, signé Bryan V. », suivi du numéro de son mobile.

Maintenant, il pouvait tranquillement observer la clientèle féminine en sirotant son verre de vin blanc californien.

Respirer. Respirer profondément l'odeur de terre, le goût de la terre. La terre glaise, la boue. Se rouler dans la boue. Se rouler nu dans la boue, s'en répandre sur tout le corps.

Au bout de quelques instants, son regard s'arrêta en direction d'une table située entre lui et le zinc. La jeune femme qu'il avait repérée n'était pas particulièrement jolie, mais elle portait un body moulant et une jupe en cuir noire, très courte, qui avaient immédiatement su capter l'attention de Vecler. Sa position l'empêchait de croiser son regard ; en fait, elle lui tournait le dos et n'avait sans doute pu le remarquer.

L'astuce qu'il trouva était tout à fait propice à éveiller l'intérêt féminin. Il avait décidé de la regarder indirectement, par l'intermédiaire de la glace située derrière le comptoir. Il pouvait ainsi insister à loisir, sans éveiller l'attention de quiconque, mis à part celle de sa proie. Elle s'aperçut rapidement du stratagème et se mit à regarder elle aussi la glace, par intermittence.

Vecler continuait de l'observer, exagérant même le mouvement de son regard pour lui montrer qu'il s'attardait sur certaines parties intimes de son anatomie.

Cet érotisme silencieux et distant semblait convenir à sa partenaire de jeu. Elle prit l'initiative de relever légèrement sa jupe courte et d'écarter un peu les cuisses. Tels qu'ils étaient placés, lui seul pouvait bénéficier de ce point de vue et il en profitait effectivement pleinement. Il fut envahi par une chaleur soudaine et délicieuse.

Se rouler dans la boue. Se rouler dans la boue avec elle. La masser avec la terre. En remplir ses orifices, la lécher. Odeur de sexe et de terre mêlés.

Vecler se dirigea vers les toilettes. Il n'avait nul besoin de se retourner, il savait qu'elle le suivrait dans moins de deux minutes.

Il attendit moins de deux minutes devant l'entrée des toilettes, elle apparut. Sans dire un mot, il lui prit la main et l'entraîna dans le WC des dames. Il referma la porte à clef derrière eux.

Quelques instants plus tard, Bryan Vecler sortit seul des toilettes, et quitta le bar. Il souriait, ravi d'une rencontre si fructueuse.

Son téléphone mobile sonna. C'était Helena. Ils convinrent d'un rendez-vous chez elle, pour 21 heures.

Marcher. Marcher dans les sous-bois. Entrevoir le soleil percer entre les feuillages. Sentir l'odeur si forte des feuilles mouillées. Respirer.

Jamais Bryan Vecler n'avait été aussi heureux.

***

Bien que Juddy ait essayé à plusieurs reprises de changer de sujet, il remarqua que Marie, tout au long de la suite du repas, ne pouvait s'empêcher de revenir à sa séance de t'chat avec Vecler.

En temps normal, elle ne lui parlait de ses invités que pour lui narrer des anecdotes croustillantes, pour le faire rire.

Là, c'était différent. Ce Vecler l'avait réellement marquée. Heureusement qu'elle est frigide, pensait-il, sinon je serais vraiment jaloux.

Ils se séparèrent directement après le repas, Marie se disant épuisée et ne souhaitant pas aller boire un verre ailleurs, ni chez lui.

ÉPISODE 3

« Ceci n'est pas un jeu, soyez-en convaincus ! »

Juddy Desmith ne parvenait pas à trouver le sommeil. Ses réflexions se bousculaient trop dans sa tête pour que le rêve puisse s'y installer.

À 01 h 23, il alluma pour regarder son réveil, sur la commode. Une fois encore, il fut étonné de constater que son geste coïncidait avec l'apparition d'une suite logique de chiffres : 0, 1, 2, 3.

Ce phénomène lui arrivait fréquemment. Il était un grand spécialiste des 22 h 22, 23 h 23,...

Il en arrivait à se demander s'il avait déjà regardé son réveil présentant des chiffres « innocents », comme si les suites ou les chiffres ronds l'appelaient.

Pour se convaincre de la bêtise d'une telle réflexion, il attendit une minute sans cesser d'observer son réveil. Il sourit lorsque l'appareil docile, comme prévu, afficha 01 h 24, ce qui ne voulait rien dire.

Il décida de se lever, fit un détour par le frigo pour prendre une bière en boîte, s'alluma une pipe, et se dirigea vers son micro.

Une fois connecté et identifié après l'entrée de son mot de passe, il retrouva l'image de Ryben telle qu'il l'avait laissée, surfeur immobile dans les nuages. Il dirigea avec sa souris le curseur vers la touche < PLAY > de la télécommande virtuelle, située au bas de l'écran. La musique retentit, reprenant à la note près où elle s'était tue, et Ryben s'anima immédiatement, glissant avec souplesse au dessus du gouffre.

Il atteignit rapidement l'autre versant. Là, aucun danger imminent n'était visible, d'ailleurs la musique s'était adoucie et n'augurait rien de spectaculaire. Au fond de la vallée, on apercevait une forme de château. Juddy faisait courir Ryben au maximum de sa vitesse, s'amusant à le faire virevolter et sauter de temps à autre pour éviter des obstacles.

Devant l'entrée du château, Juddy mit quelques minutes à trouver le mécanisme d'ouverture du pont-levis, mais y parvint. Le pont s'ouvrit dans un bruit mêlé de lourdes chaînes et de grincements.

Après une longue visite des différentes pièces de l'édifice inhabité, il retourna dans une salle qu'il avait jugée suspecte. Elle ressemblait à un bureau contemporain : ameublement design, sièges en cuir, bureau vitré au fond de la pièce sur lequel on pouvait voir un téléphone, des stylos, un sous-main, un réveil et quelques dossiers.

De l'autre côté de la pièce, une immense bibliothèque présentait des centaines de livres reliés, de taille uniforme. Juddy fit déplacer Ryben dans cette direction. De près, il constata que tous les livres étaient identiques. Sur leur tranche, on pouvait lire : « *Manifeste* de Ryben ».

Il saisit l'un des ouvrages et l'ouvrit. Toutes les pages étaient vierges.

« Bien, reste à savoir lequel est le bon », dit Juddy à voix haute.

Il eut soudain le pressentiment qu'aucun ne l'était, et qu'il devait s'agir d'un leurre destiné à faire perdre du temps au joueur, il fallait chercher ailleurs.

Il se dirigea vers le bureau en verre, y regarda attentivement les accessoires. Son attention s'arrêta bientôt sur le réveil qui affichait en fait un compte à rebours silencieux. Il ne restait visiblement que 12 secondes, mais Juddy ne savait pas pour quoi faire. À 5 secondes, un voyant rouge se mit à clignoter sur le côté droit du bureau. Une bombe ? pensa Juddy. Puis il changea d'idée. Au moment même où le compte à rebours afficha 00 h 00, chiffre rond par excellence, il appuya sur le voyant rouge et fut récompensé de cette initiative. Le sous-main bascula, laissant apparaître un trou béant. Accompagné d'un son électronique, montait l'écran plat d'un ordinateur, bientôt suivi d'une manette de jeu.

« Si j'avais cherché à ouvrir tous les livres, je n'aurais pas découvert ceci à temps ! » constata-t-il avec satisfaction.

Restait à faire fonctionner l'appareil… Ce dernier lui simplifia la tâche en s'allumant seul. L'écran afficha alors une image en 3D, hyperréaliste, représentant New York vu du ciel. Il cliqua sur le joystick virtuel avec sa souris, essaya de l'agripper et de le faire glisser, mais rien ne se produisait, le joystick restait inerte.

J'ai compris, se dit-il, c'est Ryben qui doit le manipuler !

Il déplaça la main droite de Ryben en direction du Joystick virtuel, dont un voyant vert s'alluma bientôt. « Bon, ça devient compliqué, il faut que je me concentre sur les actions de la main de Ryben, non sur le déplacement du joystick lui-même. » Une pression continue sur la flèche dirigée « vers le haut » de son clavier, répondait comme d'habitude, en faisant avancer Ryben qui butait contre le bord du bureau virtuel. Il eut alors l'idée d'appuyer en même temps sur la touche < CTRL > de son clavier et sur la flèche. Le paysage s'anima soudain, la ville se rapprochait. Il pouvait maintenant voler au-dessus de New York en manipulant les flèches de direction tout en maintenant pressée la touche < CTRL >.

Les décors étaient réellement hallucinants de précision. Il reconnut les grands buildings – l'Empire State Building, la bourse de Manhattan –, remonta rapidement pour survoler Central Park, salua au passage le building de NWN.

Tiens, se dit-il, ça prouve que le jeu est drôlement récent, le building n'est à l'effigie de NWN que depuis un mois !

Le seul détail qui montrait le côté factice du décor, c'était l'absence de vie : aucune voiture ne roulait, aucun piéton n'était visible, tout était vide et silencieux, comme abandonné.

Il décida d'aller voir en direction de son journal. En quelques secondes, il survolait à nouveau le centre de Manhattan. Il fondit littéralement sur la ville, se redressa de justesse pour ne pas s'écraser et planait maintenant, assez vivement, dans les rues elles-mêmes, à hauteur d'homme. Il observa que tous les détails restaient précis, malgré la proximité de leur représentation.

J'ai jamais vu un jeu pareil, songea-t-il impressionné. Comment ont-ils fait ça ?

Il se dirigea vers l'immeuble du *New York Times*, le trouva rapidement, exactement à son emplacement. Il remarqua toutefois une erreur : l'épicerie, située à droite de l'entrée du journal et dans laquelle il s'approvisionnait souvent par commodité, était remplacée par un magasin spécialisé en téléphones mobiles. Pas si parfait que ça, heureusement, pensa-t-il.

Il réussit à se poser devant le Hall d'entrée de l'immeuble.

« Bon, comment entrer maintenant ? Je ne vais tout de même pas taper le vrai code ! »

Juddy aimait aller au bout des choses, même les plus saugrenues. Il réfléchit un instant et se dit qu'il fallait que Ryben le fasse. Avec sa souris, il amena la main de Ryben vers le digicode, parfaitement reconstitué, situé sur le côté de la porte. Il sélectionna l'index du héros virtuel, hésita, souffla la bouche ouverte pour se déstresser, puis tapa le code : « 1 612 F ». Incroyable ! La porte venait de s'ouvrir. Se serait-elle ouverte s'il avait fait un autre code ? Il ressortit pour vérifier, mais la porte restait ouverte et il ne savait pas comment faire pour la refermer. Tant pis, il fallait continuer maintenant…

Il pénétra dans le hall qu'il connaissait parfaitement, se dirigea vers son bureau. La porte était fermée à clef et il ne parvint pas à l'ouvrir.

Il se dirigea vers d'autres pièces : salle de rédaction, bureau du rédacteur en chef, secrétariat, tout était fermé. Il poursuivit sa visite jusqu'au sous-sol où s'étendait l'espace d'impression du journal. Le bruit habituel des rotatives l'interpella : elles fonctionnaient.

Le journal était en train d'être tiré.

Il s'approcha d'une pile de journaux située dans l'emplacement « prêt à partir » et lut le gros titre suivant, en première page :

« *Le premier chapitre du* Manifeste de Ryben *enfin dévoilé !* »

Juddy était sidéré. Lui seul pouvait avoir eu l'idée de venir ici, dans l'immeuble de son journal ; seuls les employés connaissaient le code d'entrée, le bâtiment. Comment un jeu public pouvait-il à ce point être personnalisé ? Tout ceci n'avait aucun sens. Il faillit appeler Marie pour lui en faire part, mais se ravisa en pensant à l'heure tardive. Il l'inquiéterait en appelant en pleine nuit. Il fallait continuer seul.

Il déplaça la main de Ryben pour lui faire ouvrir le journal. À l'intérieur, une seule page était écrite, sur toute sa longueur. Une sorte de poème, d'après la forme du texte vu de loin. Il fit approcher Ryben le plus près possible du journal pour pouvoir lire le texte. Celui-ci apparut tout à coup dans toute la zone utile de l'écran du jeu, tout le décor avait disparu, ainsi que Ryben. Seul, le premier chapitre du *Manifeste* restait affiché, au premier plan.

MANIFESTE DE RYBEN

Chapitre I

Il y aura un pays aux lignes invisibles
Nul ne pourra douter qu'il devienne tangible
Dégagé des contraintes et barrières terrestres
Il donnera à tous réconfort et bien-être
Ceci n'est pas un jeu soyez-en convaincus
Écoutez mes indices et ils seront vaincus.
Ne voyez-vous donc pas comme ce monde est factice
Observez et voyez partout le même vice.
Un monde trop étroit pour élever ses fils
Ne saurait réserver que misère et supplice.
Regardez en tous lieux les crimes et les guerres
Y compris perpétrés par ceux qu'on croit sincères
Bêtise et vilenies ne sauraient à eux seuls
Expliquer plus longtemps ce goût pour le linceul
Non l'homme n'est pas mauvais il a besoin d'espace.
En cherchant vainement à conquérir l'espace
Si proche en apparence et si lointain pourtant
Toutes vos expériences se heurteront au temps.
Univers et planètes sont une dimension
Ne cherchez pas ici l'unique solution.
Amour bonheur tristesse et tous les sentiments
Ne sont pas faits d'atomes alors qu'on les ressent
Apprenez à toucher ce qui n'est pas palpable

Grandissez en fuyant ce qui est trop probable
Rejetez de vos sens les réflexes primaires
Allez voir de plus près ce qui n'est pas matière
Méditez ces conseils et vous saurez qu'enfin
Mon royaume débute où le vôtre prend fin
Entendez mon message et croyez au bonheur.
Désormais vous sentez que le jeu est un leurre
Et qu'il ne me permit que de vous rencontrer.
En survolant ensemble ces futures contrées
Nous nous rapprocherons nettement du passage
Bientôt vous comprendrez le sens de mon message
Y a t-il une autre vie disons qu'en quelque sorte
Ryben vous ouvrira de l'Éden la porte.

Juddy resta un long moment devant son écran, encore abasourdi de ce qui venait de se produire. Il lut et relut le poème de Ryben plusieurs fois. Quelque chose le gênait. Ce ton cérémonieux sûrement, qui, en pleine nuit, prenait une dimension particulière.

« Bien, il est temps d'aller se coucher maintenant ».

Il imprima le texte, et ferma sa session. Avant la validation et le décompte de temps habituel, le message suivant s'afficha :

« Félicitations, Juddy Desmith, vous êtes le premier à avoir lu le premier chapitre du *Manifeste* de Ryben ! Nous sommes heureux de vous offrir 100 heures de connexion gratuites ! À très bientôt ».

ÉPISODE 4

« Je pourrais vous aiguiller un peu, vous donner quelques pistes de recherche ? »

Dès le lendemain matin, Juddy raconta à Marie les détails de son épisode nocturne avec Ryben. Il lui décrivit la perfection de la reconstitution de New York, sa visite incroyable dans les locaux du journal, et la découverte du *Manifeste*. Marie écouta avec attention mais son scepticisme était visible. Juddy lui fit lire le poème de Ryben.

— En pleine journée, ça n'a pas le même impact, expliqua-t-il, constatant la moue dubitative de Marie.

— C'est assez original de mettre des poèmes dans un jeu vidéo, Juddy, mais ça ne reste qu'un jeu ! N'imagine pas autre chose !

— Comment expliques-tu l'histoire du journal ? Et le code ?

— Et toi, comment l'expliques-tu ?

— Justement, je ne l'explique pas. Mais j'aimerais bien comprendre.

Le mardi suivant, Juddy eut beaucoup de chance, au journal.

Lors de la séance de rédaction, Charly Weis, le rédacteur en chef, avait lancé le « sujet Ryben ».

— Ce jeu est en passe de devenir un phénomène de société. On décompterait 1,5 million d'abonnés et 150 sites Internet consacrés au superhéros virtuel. Nous ne pouvons plus passer à côté du sujet. Mais il nous faut apporter quelque chose de neuf : je veux un dossier complet, fouillé, présentant les joueurs, leurs motivations, ce qui distingue ce jeu des autres. Représente-t-il une nouvelle génération de jeux, une évolution des mœurs ? Il nous faut du contenu, un nouvel éclairage…

— On pourrait peut-être aussi enquêter du côté de sa production, enchaîna Juddy. Montrer les dessous de l'affaire, l'envers du décor…

— Dois-je comprendre que le sujet t'intéresse, Juddy ?

Charly Weis connaissait Juddy depuis longtemps et le considérait comme son meilleur reporter, le plus minutieux, le plus ingénieux, un véritable limier, doté d'un sens critique rare et d'une intégrité totale. Il était parfait pour ce type de mission.

— Eh bien, disons que je connais bien le jeu. J'y suis abonné depuis le début et je crois faire partie des joueurs expérimentés, précisa Juddy.

— Ah, il me semblait bien que tu ne décrochais pas de ton micro ces derniers temps ! O.K., tu t'en occupes, tu pourras jouer officiellement cette fois-ci ! Mais il faut faire vite et bien. Je souhaite qu'on sorte un dossier digne de ce nom sous dix jours. Tu te mets là-dessus à plein temps et on fait le point rapidement.

À peine sorti de la salle de rédaction, Juddy téléphona à *Online Entertainment*, la société de production et de diffusion de Ryben. L'assistante de Bryan Vecler lui donna sans difficulté un rendez-vous pour le lendemain 11 heures.

Le lendemain à 10 h 45, Juddy se présentait à l'accueil d'*Online Entertainment*. Les locaux neufs étaient situés dans le nouveau quartier d'affaires, à la périphérie de New York.

Il déclina son identité à l'hôtesse d'accueil, une jeune fille rousse aux cheveux très courts et au visage enfantin criblé de taches de rousseur. Elle était très séduisante, d'une grande fraîcheur. Juddy remarqua le body blanc très près du corps, qui lui moulait la poitrine. Visiblement, elle ne portait pas de soutien-gorge.

— C'est moi que vous avez eue au téléphone hier, monsieur Desmith. Monsieur Vecler est au téléphone, je le préviens dès qu'il a terminé.

— Merci, je vais patienter ici, je suis en avance de toute façon.

La décoration des locaux n'avait rien d'high-tech. Curieusement, elle était même un peu rétro. L'ameublement, en bois patiné, semblait tout droit sorti d'un magasin d'antiquités. De nombreux tableaux étaient accrochés au mur du hall et dans le couloir principal. Ils représentaient des animaux et des paysages.

— Monsieur Vecler a tout aménagé lui-même, il y a six mois, lorsqu'il a pris les locaux. Nous sommes arrivés après.

— Vous voulez dire que tout a démarré il y a seulement six mois ?

— Effectivement. Mais monsieur Vecler avait déjà bien avancé de son côté. Toute la production était faite. La société a essentiellement pour vocation la diffusion de *Ryben.*

— Il y a combien d'employés ?

— Une vingtaine. L'administration des serveurs demande beaucoup de travail. De plus en plus d'ailleurs. L'équipe a doublé depuis la publication du 1er épisode il y a trois mois.

Elle est bavarde pour une assistante de direction, pensa Juddy qui commençait son reportage.

— Vous parvenez à supporter la charge, malgré le succès dont vous êtes l'objet ?

— Difficilement ! Le nouveau serveur, installé il y a 15 jours, fonctionne déjà à plein régime. Monsieur Vecler a dit qu'il allait s'en occuper. Enfin, il vaut mieux ça que le contraire, non ?

— Tout à fait d'accord, confirma Juddy qui pensait à la baisse de tirage du journal, de plus en plus concurrencé par les médias d'information *on line.*

— Il est comment, Bryan Vecler ? hasarda-t-il. Je veux dire, comme patron.

L'assistante rouquine rougit.

— Très sympa, cool… Un peu spécial par moments… Extraordinairement humain, bon vivant. Il bouffe la vie si vous voyez ce que je veux dire… Ah ! Je crois que c'est terminé, je le préviens de votre arrivée.

— Bienvenue chez *Online Entertainment* ! déclara Bryan Vecler en serrant la main de Juddy. Je ne vous ai pas fait trop attendre ?

— Pas du tout, monsieur Vecler. Je discutais avec votre assistante, elle est charmante.

— J'en suis très satisfait, en effet, confirma Vecler avec un sourire candide.

Le bureau du PDG était aussi désuet et vieillot que le hall d'entrée. Tout habillé de bois et de cuir marron. Juddy remarqua un bocal de bonbons en bonne place sur le bureau.

Seul l'accoutrement de Bryan Vecler apportait un contraste futuriste à la pièce. Il était vêtu d'un pantalon en cuir et d'un tee-shirt noir, d'une matière brillante ressemblant à du latex, qui dessinait ses pectoraux.

Il est vraiment très beau, songea Juddy. Son corps ne présentait aucun défaut – musclé mais sans plus, parfait. Son teint hâlé faisait ressortir ses yeux superbes, d'une clarté extraordinaire. Dire que Marie s'était fait draguer par ce gigolo ! Juddy en était vert de jalousie.

— Alors ? reprit Vecler. Monsieur Juddy Desmith du *New York Times*, quel honneur ! Avez-vous un rapport avec le Juddy Desmith qui a brillamment remporté la première épreuve de *Ryben*, avant tout le monde ?

— Je vois que vous êtes bien informé ! En effet, je crois que c'est moi, avoua Juddy.

— Félicitations ! Franchement, je ne croyais pas que le premier chapitre serait découvert aussi rapidement… Comment avez-vous fait ?

— Je comptais vous poser la même question, monsieur Vecler. Comment se fait-il que je sois le seul à avoir trouvé la solution et que les situations me fussent destinées ?

— Je ne voudrais pas vous décevoir, monsieur Desmith, mais… (Bryan Vecler scruta l'écran de l'ordinateur portable ouvert sur son bureau.) Mais vous êtes exactement 153 336 joueurs à avoir découvert le *Manifeste* à cette heure précise, soit environ 10 % des abonnés.

— Ah bon ? rétorqua Juddy d'un ton circonspect, mais alors, ils ont tous pénétré dans l'immeuble du *New York Times* ? Ils sont tous allés voir les rotatives ?

— Les rotatives ? (Bryan Vecler paraissait réellement surpris.) Ça y est ! J'ai compris ce qui s'est passé, monsieur Desmith. On peut dire que vous avez de la veine !

— C'est-à-dire ?

— Une fois dans New York, les joueurs doivent se procurer le journal, par le moyen de leur choix, pour découvrir le premier chapitre. Des affiches publicitaires, placées dans les rues, montrent la première de couverture du *New York Times*. Quelques points de vente habituels disposent du journal. Vous, monsieur Desmith, vous êtes allé directement à la source, et pour cause ! Vous avez été le premier lecteur de votre propre journal, ce qui, entre nous, n'est pas si extraordinaire !

Bryan Vecler souriait franchement, visiblement amusé de cette scène.

— Quelque chose ne colle pas, monsieur Vecler. Pourquoi avoir simulé le tirage du journal si les joueurs n'étaient censés le découvrir qu'une fois diffusé ?

— C'est l'un des principes de *Ryben*, monsieur Desmith. La réalité virtuelle. Voyez-vous, nous ne voulons rien imposer au niveau des situations. À cet effet, l'une des règles de conception consiste à prévoir les composants d'actions complètes, de leur début à leur fin. Chacun peut ensuite tirer parti d'une situation possible, à partir de n'importe quel point d'ancrage. Dans notre cas, la publication d'un journal commence par son tirage, tout simplement. L'activation de ces composants vous a été rendue possible parce que vous êtes sans doute arrivé très tôt dans New York.

— Si on part de ce principe, il y a la rédaction avant le tirage !

— Effectivement, mais c'est moi qui ai rédigé le premier chapitre, et ça, ça ne faisait pas partie du jeu !

Bien que surprenante, l'explication de Vecler paraissait cohérente. Du moins présentait-elle une certaine logique.

— Vous voulez un bonbon ? demanda Vecler en poussant le bocal dans sa direction.

— Non merci, merci bien.

— J'adore ça, précisa Vecler en enfournant trois boules de gélatine colorée dans sa bouche.

— Monsieur Vecler, comme je l'ai dit à votre assistante, je suis chargé par le journal de faire un article complet sur le jeu, que nous souhaitons publier dans quelques jours. Je vais devoir vous embêter de temps en temps pour faire ce reportage.

— Tant mieux ! Tout ce qui peut concourir à la notoriété de *Ryben* m'intéresse ! Comment voyez-vous la chose ?

— Je ne sais pas encore. Tout dépend de ce que je vais pouvoir trouver. Nous souhaitons publier quelque chose d'original, qui apporte un plus par rapport à la connaissance du jeu en lui-même.

Bryan Vecler sembla distrait, l'espace de deux secondes, puis une lueur traversa son regard, matérialisant le résultat de sa réflexion.

— J'ai peut-être une idée à vous soumettre… Une forme de collaboration… En tant que « meilleur joueur » actuel, je ne vous surprendrai pas en vous disant qu'il y a beaucoup de choses à découvrir dans *Ryben*. Des indices notamment. Pour assurer une bonne diffusion de ces indices, votre journal pourrait représenter un vecteur complémentaire au jeu, permettant à chacun d'avancer suffisamment, tout en laissant aux joueurs chevronnés la possibilité de découvrir les indices par eux-mêmes. Je pourrais vous aiguiller un peu, vous donner quelques pistes de recherche…

— N'allez-vous pas enlever du suspense en publiant ces astuces ?

— Pas obligatoirement. Certains paliers doivent être franchis pour continuer à avancer. La diffusion périodique, sous forme de feuilleton, présente l'inconvénient de passer obligatoirement à l'étape suivante, sans avoir forcément vu ce qui était important dans la précédente, et ça, c'est un peu gênant. Vous pourriez, en plus de votre dossier, publier quelques jours après la mise en ligne de chaque épisode, les indices que vous aurez trouvés. Je suis sûr que ça donnerait un intérêt supplémentaire à vos articles, pour les lecteurs-joueurs.

— Il faut voir, dit Juddy qui avait besoin d'y réfléchir plus longuement. J'en parlerai au rédacteur en chef. En attendant, j'aimerais que vous m'en disiez un peu plus sur l'aspect technique. La visite de New York est époustouflante. Quelles nouvelles technologies avez-vous mises en œuvre ?

— Je vous remercie, cette scène est soignée en effet. Malheureusement, c'est le type de renseignement que je ne pourrai pas vous donner en détail. Concurrence oblige ! Notre avance technologique représente notre seule arme pour sortir un peu du lot. Laissons-les chercher encore, si vous le voulez bien.

Le ton de Vecler ne laissait pas place à la contradiction. Il reprit une poignée de bonbons, qu'il mâcha avec un plaisir non dissimulé.

— C'est important pour moi d'en savoir un peu plus, monsieur Vecler, même sans entrer dans vos secrets de fabrication.

— Ne vous inquiétez pas, je vous donnerai quand même quelques scoops ! reprit Vecler en jetant un coup d'œil à sa montre en argent. Comment avez-vous trouvé le poème de Ryben ?

— Original. On ne s'y attend pas dans un jeu vidéo, mais…

— Mais quelque chose vous a gêné, n'est-ce pas, en tant qu'homme de lettres ?

— Je ne sais pas trop… le ton, le contenu sans doute ?

— Nous parlerons du fond plus tard. Pour le moment, arrêtez-vous à la forme. Rien ne vous a paru bizarre dans la forme ?

— Non, ce sont de vrais alexandrins... Quoique si, maintenant que vous le dites, j'ai trouvé la ponctuation... approximative. Les poèmes de ce type présentent soit une ponctuation complète, soit aucune. Là, il n'y a que quelques points à la fin de certains vers, et en plus, ils sont mal placés.

— Parfait ! Nous allons faire une bonne équipe, monsieur Desmith ! annonça Vecler en se levant. (Il paraissait heureux. Ses yeux pétillaient de bonheur.) Désolé, mais je dois mettre un terme à ce premier entretien, je suis attendu pour déjeuner. Un repas d'affaires très important pour moi. Et vous, vous avez un poème à relire, de manière, disons... différente !

Vecler raccompagna Juddy à l'entrée de l'immeuble.

— Au revoir, monsieur Desmith ! lança la charmante hôtesse rouquine lorsqu'ils parvinrent devant le pas de la porte.

— Au revoir, mademoiselle, à bientôt ! lui répondit Juddy.

— Monsieur Desmith, ravi de vous avoir rencontré, fit Vecler en lui serrant la main, puis il ajouta : les points ne sont pas mal placés, monsieur Desmith. Dans un certain sens, ils sont même très bien placés ! Allez, à bientôt, appelez moi quand vous voulez.

Bryan Vecler referma la porte d'entrée, se dirigea vers son assistante. Elle lui sourit. Il lui caressa affectueusement la joue, puis les seins, du dos de la main.

— Je serai de retour en milieu d'après-midi, Laetitia. On se voit après ?

— Quand tu veux, Bryan, tu sais que je suis à tes ordres !

* * *

À 12h30 précises, Bryan Vecler pénétrait dans *L'empire des sens*. Ce restaurant français, le plus réputé et le plus cher de New York, constituait l'un des hauts lieux de rendez-vous d'affaires des businessmen. Bryan Vecler, depuis que ses moyens le lui permettaient, était devenu un habitué de la place.

Le cadre était magnifique, de type « provençal », lui avait expliqué le cuisinier Henri Verdier, français d'origine.

Le maître d'hotel en costume noir, chemise blanche et nœud papillon noir conduisit Vecler jusqu'à la table réservée par Leederman. Bryan Vecler lui avait en effet suggéré cet endroit lors de leur conversation téléphonique du matin même. Il lui avait également demandé de venir accompagné de Marie Curtis, avec qui il souhaitait travailler dans le cadre de leur future collaboration. Leederman avait trouvé l'idée excellente et avait promis de faire le nécessaire.

— Monsieur souhaiterait-il une petite collation, pour patienter ? s'enquit le maître d'hotel avec professionnalisme.

— Volontiers ! Apportez-moi donc un verre de votre excellent vin blanc californien, s'il vous plaît.

— Puis-je me permettre de faire goûter à Monsieur, s'il ne connaît pas, un de nos vins blancs français ?

— Pourquoi pas ? Que me proposez-vous ?

— Nous avons une très bonne carte… Je pourrais vous conseiller par exemple un… château-grillet. Il s'agit d'un vin blanc de Condrieu, un côtes-du-rhône, très peu connu, car de production confidentielle.

— Allons-y pour le château-grillet, je vous fais confiance.

— Monsieur ne sera pas déçu.

Quelques instants plus tard, le sommelier du restaurant, identifiable à son insigne en forme de raisin, s'approcha de la table de Bryan Vecler. Il dégagea la bouteille d'un seau à glace transparent, la présenta à Bryan Vecler et annonça en gardant la tête droite :

— Château-grillet 1996.

— Ouvrez vite !

Le sommelier retira le bouchon avec dextérité, le sentit rapidement et le glissa dans la poche extérieure de son gilet.

Il versa un peu du breuvage dans le verre-tulipe de Vecler, et redressa la bouteille contre sa poitrine, comme on présente une arme.

Vecler souleva le verre à hauteur de son visage, le tenant par le pied. Du vin émanait une lumière dorée, dont les reflets variaient en fonction de la position du verre. Vecler fit tournoyer le liquide quatre ou cinq fois sur lui-même, puis le huma longuement.

Parfum de fleurs d'acacia. Champs de fleurs. Courir dans les champs. Odeur de soleil après la pluie. Rosée. Se baigner dans la rosée. Fruits secs, abricot, amande grillée. Chaleur. S'étendre sur une pierre chaude, comme un lézard. Délicieux.

— Bonjour monsieur Vecler ! Désolé de vous déranger en pleine dégustation !

Bryan Vecler rouvrit les yeux. Le gros Leederman et la magnifique Marie Curtis se tenaient debout devant sa table.

— Ah, c'est vous ! Asseyez-vous, je vous en prie. Et goûtez avec moi ce don de la terre !

Les deux convives s'installèrent. Le sommelier leur servit immédiatement un verre du vin de Condrieu. Bryan Vecler termina sa dégustation. Il but en ouvrant légèrement la bouche et en aspirant, pour que l'air permette aux parfums de mieux imprégner ses papilles. Il restait silencieux, les yeux fermés, il paraissait ailleurs.

Marie l'observait en silence. Lorsqu'il « reprit conscience », ses pupilles semblaient baignées par une lumière mordorée, comme s'ils l'avaient volée au vin.

Marie goûta le breuvage à son tour. Tout en faisant tourner le liquide dans sa bouche, elle plissait les yeux, le menton légèrement relevé.

— C'est un de mes vins préférés, dit-elle. Je n'en ai bu qu'une seule fois, il y a près de 15 ans ! Elle expliqua que ce cru provenait d'une exploitation minuscule qui ne devait pas faire plus de deux hectares, dans les Côtes-du-Rhône septentrionales. L'usage local et la configuration particulièrement abrupte du terrain imposaient une vendange entièrement manuelle. Le raisin était cueilli grain par grain, à maturité maximale. Il s'agissait d'un cépage de viognier pur, ce qui lui donnait ce goût si particulier.

— Tout ceci est parfaitement exact, madame ! intervint le sommelier en remplissant à moitié chacun des verres. Avec des clients comme vous, je n'ai plus qu'à aller pointer au chômage !

— Vous n'avez rien à craindre, rétorqua Marie, je n'en connais que quelques-uns, et seulement des vins français ! Celui-ci est vraiment fabuleux.

Le regard de Vecler indisposait Marie. Elle avait l'impression qu'à cet instant, il aurait voulu la 'déguster', comme son vin.

— À quoi tient cette perfection, à votre avis ? lui demanda-t-il.

— Oh, je ne sais pas. C'est un ensemble de facteurs, comme la qualité du terroir et des pieds de vigne, le climat adapté, l'expérience des éleveurs…

— Oui, c'est ce que je crois aussi. Ce nectar est le fruit d'un ensemble de sciences inexactes. Pourtant, il est parfait.

De son côté, Leederman goûtait également le château-grillet, mais rien dans son visage ne trahissait un réel plaisir physique. Il mimait, avec un talent d'acteur douteux.

Comment pouvait-on à ce point rester insensible à ce pur fruit de la terre ? se disait Vecler. Ce Leederman ne méritait pas d'y être né.

— Alors, mon cher Bryan, que pensez-vous de ce contrat, ça vous convient ?

— Le contrat ? Ah oui ! Très bien, parfait ! En fait, j'ai seulement trois requêtes, ou conditions complémentaires, si vous préférez.

— Exposez-nous ces conditions, Bryan, on verra ce qu'on peut faire !

— Tout d'abord, je souhaiterais disposer de vos serveurs très rapidement. Dès demain si c'est possible, sinon je vais devoir refuser du monde.

— Accordé ! Ensuite ?

— En second lieu, le droit de secret : je souhaite rester le seul à connaître la suite des épisodes de *Ryben*. Ceci, quoi qu'il arrive.

— Je ne vois pas comment on pourrait vous refuser ça, Bryan, le rassura aussitôt Leederman.

— Enfin, vous évoquez dans votre contrat un correspondant NWN chargé de jouer le rôle d'interface avec *Online*. J'aimerais que Mme Curtis puisse tenir ce poste. J'ai en effet pu apprécier ses compétences et sa discrétion lors du t'chat.

Marie fixa son patron avec un regard implorant qui voulait dire « pitié, ne me faites pas ça ! ». Mais Leederman pensait d'abord à ses affaires et à la perspective de diffusion exclusive de *Ryben*, une vraie belle opération commerciale…

— Si Marie Curtis accepte cette mission, je n'y vois personnellement aucun inconvénient. Je pense également qu'elle a toutes les qualités requises. N'est-ce pas, Marie ?

— Euh… oui, certainement, il faut réfléchir… J'ai d'autres travaux importants en parallèle…

— Bien ! coupa Leederman. Vous pouvez considérer que c'est d'accord. Je me fais fort de décharger Marie d'autres occupations moins prioritaires. Une bonne occasion de déléguer un peu ! dit-il en souriant à Marie, lui faisant par-là comprendre qu'elle n'avait pas le choix.

— Tout est donc pour le mieux, chers partenaires ! s'exclama Bryan Vecler en levant son verre de château-grillet.

* * *

L'après-midi, Marie appela Juddy au journal, elle avait besoin de lui parler.

— Oh, Marie, c'est toi ! Il faut que je te raconte, j'ai vu Bryan Vecler ce matin !

— Il devient encombrant, ce Vecler, reprit Marie ; moi, j'ai déjeuné avec lui ! Et avec Leederman, ajouta-t-elle, constatant le silence de Juddy. Et je vais devoir le côtoyer quelque temps, je suis chargée de suivre ses travaux dans le cadre d'un accord de diffusion de *Ryben* !

— Alors, deux partout ! Moi, je suis chargé d'un reportage sur *Ryben* et Vecler ! Tu pourras me tuyauter, c'est super !

— Ne compte pas sur moi, Sherlock Holmes ! Tu n'obtiendras rien de la faible femme que je suis !

— Blague à part, Marie, il faut que je te raconte un truc. Tu sais le poème que tu n'aimais pas trop, celui du 1er chapitre du *Manifeste* ?

— Oui, eh bien ?

— Eh bien, il contenait un indice caché.

— Lequel ?

— Il y avait des points mal placés à la fin de certains vers. En fait, ce sont des sortes de stops. Ils indiquent que les vers qu'ils encadrent constituent des mots. Chaque mot se lit en associant les premières lettres de chaque vers.

— Ouais, pas très original...

— Toujours aussi objective, je vois...

— Oui, tu as raison, convint Marie. Alors, ça donne quoi ?

— Ceci : « INDICE. NO. UN. RYBEN. EST. UN. ANAGRAMME. DE. ENBYR. »

ÉPISODE 5

« Je ne puis tout vous expliquer maintenant : votre conscience, empêtrée dans un référentiel unique, vous empêcherait de comprendre »

Un mois s'était écoulé. Le premier article de Juddy avait fait un véritable tabac. Le quotidien s'était trouvé en rupture de stock à la mi-journée dans la plupart des kiosques.

« Formidable ! » avait lancé Charly Weis, le rédacteur en chef, à l'adresse de Juddy. « Tu vois que nous avons bien fait ? ». Quand Juddy lui avait raconté son entrevue avec Bryan Vecler et sa proposition de deal, Charly avait feint de ne pas comprendre son hésitation.

— Dis-lui que c'est d'accord. Je ne vois pas où est le problème, c'est un échange de bons procédés.

— Il veut se servir de nous, Charly, ça se voit !

— Pour augmenter son audience, c'est bien ça ?

— Oui…

— Alors, nous faisons la même chose avec lui !

La réaction de Marie à la lecture de l'article fut d'un autre registre. Elle n'appréciait pas le caractère admiratif de la prose de son compagnon.

— Quand quelque chose me plaît, je le dis, Marie ! avait répondu Juddy. Ce jeu est enthousiasmant et pour tout dire, pas loin d'être génial. Je n'ai pas de raison de contenir mon admiration.

— Eh bien, moi, je n'admire pas ton ami Bryan, je pense même qu'il est cinglé, voire dangereux ! Si tu veux faire un vrai travail de journaliste, alors fais une enquête, une vraie ! Je suis sûr qu'il y a des choses pas claires à découvrir dans tout ça. Et arrête de faire de la retape et de la démagogie, ça ne te va pas du tout !

Les mots cinglants de Marie résonnaient encore dans sa tête, elle ne lui avait encore jamais parlé sur ce ton. Ils s'étaient quittés un peu fâchés.

Marie avait appelé le soir même pour recoller les morceaux. « On ne va pas s'engueuler à cause d'un connard » n'avait-elle pu s'empêcher de préciser. « Au fait, avait-elle ajouté, il nous a demandé d'augmenter provisoirement la bande passante. Le 4e chapitre va être gourmand, a-t-il dit, notamment en matière de flux vidéo. ».

À 22 h 00 précises, heure de mise en ligne du 4e chapitre, Juddy était installé devant l'écran de son PC, et ouvrait sa session.

Devenu expert dans la manipulation du jeu, il organisa la fuite de Ryben avec facilité et fut rapidement hors de portée de ses poursuivants. Il passa néanmoins la nuit entière à découvrir et résoudre des énigmes, à sortir d'un labyrinthe en 3D, à déchiffrer des codes.

À 7 h 25, exténué et baigné dans un épais nuage de fumée de pipe, il accédait, satisfait, à la page du 2e chapitre. À l'intérieur du livre ouvert était incrustée une image vidéo de 400 x 300 pixels environ, qui s'anima.

« Bonjour à tous ! »

Le visage de Ryben venait d'apparaître à l'écran. On ne l'avait jamais vu de si près. La voix et les mouvements du visage étaient synchronisés à la perfection, ce qui rendait le visage du héros virtuel presque humain. Il était beau, les traits fins et précis, les yeux clairs et brillants.

« Toutes mes félicitations ! Si vous me voyez à cet instant, c'est que vous avez passé avec succès l'ensemble des épreuves de cet épisode !

Mais vous savez depuis la lecture du premier chapitre que le jeu n'est qu'un prétexte : ce qui compte, c'est ce que j'ai à vous apprendre.

La dernière fois, nous avons abordé la problématique de l'espace, vous vous souvenez ? L'espace dans lequel vous vivez, trop petit, trop fermé, inapte à satisfaire vos ambitions.

Aujourd'hui, je voudrais lancer un appel. Un appel pour la construction d'un nouvel espace.

Un espace qui n'aurait rien à voir avec celui que vous connaissez.

Un espace où les frontières n'existeraient pas.

Un espace dans lequel il devient inutile de se battre pour quelques arpents de terre. Imaginez un instant un monde sans violence parce qu'au territoire illimité.

Rappelez-vous que ce que vous aviez appelé « le nouveau monde », les États-Unis d'Amérique, ont été le théâtre de génocides et de guerres fratricides. Seule la terre en était la cause.

Aujourd'hui s'offre à vous, encore une fois, un nouveau monde, le nouvel Éden, lui aussi porteur d'espoir et d'amour. Mais son invasion ne causera aucune violence.

Investir le nouvel Éden ne consiste pas à emprunter un quelconque moyen de locomotion terrestre ou spatial.

Le nouvel Éden ne se situe pas dans l'alignement physique de votre ancien monde moribond.

Il existe désormais des passages, des portes et des moyens de transport.

J'en suis le messager.

Je serai également votre éclaireur, votre guide, votre initiateur.

Je ne puis tout vous expliquer immédiatement : votre conscience, empêtrée dans un référentiel unique, vous empêcherait de comprendre. C'est pourquoi j'ai décidé d'intervenir en plusieurs étapes en utilisant cette astuce de jeu par épisodes. Ces délais vous permettront de réfléchir par vous-mêmes et de mûrir.

Pour parvenir à faire vivre le nouvel Éden, il faut que vous soyez convaincus : la construction d'une nouvelle société demandera des efforts communs et coordonnés. Il vous faut « croire » en quelque sorte, pour que tout puisse arriver.

Voilà. J'en ai déjà beaucoup dit. À vous de voir entre les mots !

À très bientôt. »

L'écran du micro devint noir. Juddy ressentait à nouveau cette impression bizarre, comme la dernière fois, et demeurait silencieux et immobile.

En tout cas, beau travail de la part de NWN, pensa-t-il comme pour se forcer à revenir sur terre, la vidéo était très fluide.

Il ferma son micro, débrancha le téléphone, et alla se mettre au lit. Il se releva au bout de quelques instants pour se laver les dents, le goût du tabac le gênait. Dehors, le soleil se levait, emplissant l'horizon d'une clarté mauve. Juddy se recoucha et s'endormit, rêva beaucoup, et se réveilla à 13 heures 13.

Après quelques heures de paresse, comme seul le célibat est susceptible de vous en accorder, il rebrancha son téléphone, qui vibra au bout de quelques secondes. C'était Marie.

— Alors, que se passe-t-il ? attaqua-t-elle brutalement. Je n'arrive pas à te joindre ! Encore une minute et j'appelais Police secours, moi !

— Ce n'est rien, Marie, j'ai joué toute la nuit et ensuite, j'ai dormi. Je viens juste de rebrancher l'appareil.

— Heureusement que personne ne m'a violée, je peux compter sur toi pour me défendre !

— Moi, je te violerais volontiers…

— Arrête tes conneries. Tu as bien fait 'mumuse' ?

— Oui, super ! J'ai découvert le deuxième chapitre !

— Ah, bravo ! J'en suis tout émue. Et c'est quoi, cette fois-ci ? Une charade, un rébus ?

— Non, une vidéo. Un message filmé de Ryben.

— Ah bon ? On peut filmer un héros virtuel, maintenant ?

Juddy ne répondit pas immédiatement, surpris par la question de Marie, et surtout par le fait qu'il ne se la soit pas lui-même posée. La scène semblait si naturelle, si réelle…

— Oui, Marie, il s'agissait bien d'une vidéo en realvidéo, un vrai film.

— Bon, alors tu peux me l'envoyer par mail !

— Par mail ?

— Oui, elle doit être encore dans ton lecteur si tu n'es pas allé voir un film porno entre-temps…

— Ah, oui, certainement. C'est vrai que la dernière téléchargée reste en mémoire ! Mais dis-moi, tu ne travaillerais pas dans la production *on line*, par hasard ?

— Il faut bien que ça serve à quelque chose ! Tu me l'envoies et on se rappelle tout à l'heure ?

— O.K., à tout à l'heure.

Une demi-heure après, Marie rappelait.

— Alors, tu m'as encore oubliée ?

— Non, j'allais t'appeler, Marie. Alors, qu'en penses-tu ?

— Son avatar est aussi peu sympathique que lui !

— Tu parles de Vecler ?

— Non, du pape ! Tu n'as pas remarqué la ressemblance, fin limier ?

— Ouais… les yeux peut-être…

— Au minimum, oui. En tout cas, ça a tout l'air d'être une vraie vidéo, le format est correct.

— Oui, j'ai regardé aussi.

— Il est fortiche au niveau technique. Et au niveau psychologique aussi. Il prépare le terrain pour quelque chose de méga mégalo, ton copain. C'est pour ça qu'il veut de l'audience et qu'il soigne sa mise en scène.

— Peut-être… Ou bien le contraire : tout ça pour faire de l'audience et gagner beaucoup d'argent…

— Je ne crois pas, Juddy. Ce n'est pas l'impression qu'il m'a donnée jusqu'ici. Quand il a négocié avec Leederman, le gros était prêt à lui filer sa chemise s'il l'avait demandée.

— Et il a préféré demander la collaboratrice, non ?

— Notamment... Il voulait surtout que ses épisodes soient mis en ligne dans les meilleures conditions. Il n'a encore rien demandé pour lui. Il m'inquiète, Juddy, vraiment.

— Écoute, Marie, je vais essayer de creuser un peu tout ça. Je vais suivre tes bons conseils et faire une véritable petite enquête.

— Non, ça mérite une GROSSE enquête ! Allez, tiens-moi au courant. Et sois prudent ! Je t'embrasse et je ne t'embête plus jusqu'à...

— Rappelle-moi tant que tu veux, Marie. Je t'embrasse aussi. Je t'aime.

* * *

Le lendemain à 12 heures, Juddy se faisait annoncer, à l'improviste, à l'accueil de *Online Entertainment*.

— Tiens, bonjour, monsieur Desmith ! l'accueillit en souriant la charmante secrétaire rouquine ; vous aviez rendez-vous avec monsieur Vecler ?

— Non, je passais dans le quartier. Je me suis arrêté à tout hasard.

— Monsieur Vecler avait un rendez-vous pour déjeuner. Il ne sera pas de retour avant 15 heures !

— Ce n'est pas grave, je reviendrai.

Juddy fit mine de faire demi-tour puis s'arrêta, une main en suspens, avec un doigt en l'air, puis se retourna en la posant sur son front, à la manière de Columbo.

— Dites, vous ne savez pas où je peux déjeuner rapidement, dans le coin ?

— Si, j'allais sortir également. Je vais vous indiquer.

— Remarquez… je prépare mon prochain article sur *Ryben*, peut-être pourriez-vous m'aider ? On pourrait déjeuner ensemble si vous n'avez rien de prévu ?

Laetitia regarda Juddy Desmith dans les yeux. De grands yeux de biche très doux et un grand nez fouineur, pensa-t-elle.

— Non, je n'avais rien de prévu. On peut y aller mais je ne sais pas si je vous serai d'une grande utilité, je ne suis pas au courant de grand-chose !

Deux verres de chianti classico plus tard, les pommettes de Laetitia commençaient à rougir, ce qui faisait ressortir davantage ses tâches de rousseur.

Juddy avait posé un petit calepin sur la table et prenait des notes de temps à autre.

— Vous le connaissez depuis longtemps ? poursuivit-il, tout en mutilant sa pizza « quatre fromages ».

— Non, comme je vous l'ai dit la dernière fois, il nous a tous recrutés il y a six mois.

— Quelqu'un d'autre dans l'équipe avait-il déjà travaillé avec lui auparavant ?

— Non, je ne crois pas. Il nous a dit qu'il avait travaillé seul jusqu'ici.

— Vous êtes déjà allée chez lui ?

— Non, jamais. Il est très discret. Je dirais même qu'il cultive son jardin secret. Il habite à côté de Central Park, je crois. Il dit qu'il va s'y promener tous les matins, avant de venir au bureau. Il adore la nature.

— Il organise des réunions internes pour parler des objectifs, de la stratégie ?

— Non plus. C'est lui qui décide de tout de toute manière !

— Le personnel ne s'en plaint pas ?

— Non. Il paie bien. Il laisse travailler les gens tranquillement. Il ne joue jamais au 'petit chef'. Tout ce qu'il demande, c'est qu'il n'y ait pas de problèmes de diffusion, c'est une obsession chez lui. Il n'admet aucune coupure de service. Les administrateurs font les trois-huit. Il paraît qu'il passe fréquemment la nuit, afin de s'assurer que tout se passe bien.

Mais dites-moi, vous allez mettre ça dans votre article ? Ça n'intéressera personne !

— C'est vrai ! Mais j'ai besoin de bien connaître les gens pour que mes articles en parlent fidèlement. C'est une habitude chez moi.

— En tout cas, vous voilà bien avancé, j'ai répondu « non » à toutes vos questions !

— Certaines réponses négatives en disent long parfois !

— Ah oui, et par exemple ?

— Je n'y connais rien mais, vu le résultat, je trouve étonnant qu'on puisse réaliser seul un jeu tel que *Ryben.* Pas vous ?

— Si. D'ailleurs, certains collaborateurs en parlent et pensent que ce n'est pas possible, lâcha Laetitia sur le ton de la confidence. Qu'il a dû travailler avec d'autres, peut-être au sein d'une ancienne société qu'il aurait quittée…

— Vu l'ampleur du succès, ça aurait fait du bruit s'il était parti avec ces travaux.

— Sans doute… Je ne sais pas… Il y a peut-être eu un arrangement ?

Ils continuèrent à manger en silence, réfléchissant chacun de leur côté au mystère de la genèse du jeu.

Juddy observait Laetitia : mignonne, jeune, pleine de vitalité. Vraiment très séduisante. Laetitia se savait observée, mangeait avec appétit, et croisait de temps en temps le regard de Juddy, échangeait un sourire…

— Et vous, monsieur Desmith, quel genre d'homme êtes-vous ?

— On inverse les rôles, à ce que je vois ? Eh bien, disons que je suis un petit journaliste véreux, à la recherche du moindre scoop !

— Ce n'est pas l'impression que vous donnez ! Je vous trouve même très professionnel, très sérieux, et grand !

— Un grand con ennuyeux, quoi !

— Oui, à peu près ça. Un grand con ennuyeux ! lança Laetitia en riant.

Puis elle posa sa main sur celle de Juddy, la pressa légèrement et la relâcha.

Juddy avança alors sa main vers son visage et lui caressa la joue, qu'elle frotta doucement comme se frotte un chat avide de caresses. Il retira sa main, elle redressa la tête. Puis elle le regarda avec l'air de dire : « Oui, tu peux me caresser si tu en as envie ».

En sortant du restaurant, il faillit la prendre dans ses bras mais se retint. Il sentit qu'elle avait remarqué son hésitation. Les femmes sentent toujours ce type de gestes imaginaires. Pendant qu'ils marchaient, c'est elle qui s'agrippa à son bras.

— Vous êtes seul dans la vie ? lui demanda-t-elle soudain, avec ce côté candide qui plaisait beaucoup à Juddy.

— Oui et non, répondit-il, en ajoutant : c'est un peu compliqué, je vous expliquerai…

Il trouva sa réponse très lâche vis-à-vis de Marie. Il aurait dû dire *non.* « Non, je ne vis pas seul. J'ai une femme dans ma vie. Une femme merveilleuse. Elle m'aime. Elle m'aime comme personne ne m'a jamais aimé. Elle m'aime, comme toi, tu ne pourras jamais m'aimer, petite Laetitia. Et je l'aime aussi. ». Pourquoi ? Pourquoi l'attirance sexuelle est-elle si indépendante de l'amour, alors qu'elle est censée en constituer la matérialisation physique ? C'est idiot d'ailleurs. L'erreur humaine provient sans doute de cette confusion absurde, à l'origine de tant de souffrances. La relation qu'il avait avec Marie en constituait une preuve supplémentaire : la preuve qu'on pouvait aimer une femme sans lui faire l'amour, avec autant de force, autant de tendresse, autant de complicité.

Laetitia serra légèrement son bras, comme pour se rappeler à lui. Devant l'entrée d'un immeuble, il s'arrêta et l'entraîna dans le renfoncement de la porte. Il la prit dans ses bras – ou plutôt, elle s'y glissa – et il l'embrassa. Elle était fraîche, ferme, délicieuse. Sa langue était vive et sucrée.

Ils s'embrassèrent longuement, comme des enfants qui découvrent le plaisir du baiser.

Ils tombèrent d'accord sur le principe d'une « interview exclusive » pour le lendemain soir.

Quand ils pénétrèrent dans les locaux de *Online Entertainment,* Vecler était arrivé, assis au bureau de Laetitia, occupé à consulter le courrier.

— Ah, monsieur Desmith, vous tombez bien ! Il faut que je vous parle ! fit Vecler sans lever la tête.

— Bonjour, monsieur Vecler, je passais à tout hasard…

— Très bien, monsieur Desmith, très bien ! coupa Vecler. Vous avez très bien fait. Allez, allons dans mon bureau.

— Vous avez vu la vidéo ? questionna Vecler dès qu'ils furent assis.

— Oui, je l'ai vue, effectivement.

— Alors ?

— Stupéfiant, encore une fois. On jurerait une vraie !

— Mais c'est une vraie ! Vous savez comment j'ai fait ?

— Non, mais j'allais vous poser la question.

— Rien de plus facile ! Il suffit de filmer un écran plat avec une caméra numérique, dans certaines conditions de lumière, pour éviter les reflets. Il n'y a presque pas d'effet de balayage si on met en phase les fréquences d'affichage à 60 hertz.

— Comment avez-vous trouvé cet épisode ?

— Assez facile, au niveau des énigmes. On arrive vite au *Manifeste*.

— C'est voulu. Je souhaite que de plus en plus de joueurs y parviennent. Les meilleurs vont donc très vite, comme vous, monsieur Desmith !

— Où voulez-vous en venir ? On sent bien que tout est calculé, pensé…

— J'espère ! Nous allons de plus en plus réduire la partie jeu, pour laisser plus de place au message. Car c'est ça le plus important, comme le dit si bien Ryben.

— Ce n'est pas ce que je vous demandais. Où voulez-vous en venir, vous, monsieur Vecler ? Quelle est la finalité de ce jeu ?

— Restez *On line,* et vous le découvrirez ! Mais vous avez raison, il y a un vrai contenu dans ce message.

— Quelle est cette autre dimension dont parle Ryben ?

— Quelle est la caractéristique de Ryben, M. Desmith ?

— Qu'il n'existe pas ?

— Alors, cette autre dimension n'existe pas. À moins que votre réponse ne soit erronée. À vous d'y réfléchir. En attendant, j'ai un autre sujet de réflexion pour vous !

— Un nouvel indice ?

— On ne peut rien vous cacher ! Je vous ai dit qu'il n'y avait presque plus de balayage… mais il y en avait encore. J'ai dû enlever quelques images… Mais pour faire un film, il faut 24 images par seconde, au minimum.

— Vous les avez donc remplacées ?

— Bravo ! Toujours aussi perspicace, monsieur Desmith ! Vous feriez un excellent détective, vous savez ?

— Je sais, on me l'a déjà dit.

ÉPISODE 6

« Ce qui est difficile avec vous, c'est de vous faire voir au-delà de vos sens ! »

La nouvelle, énorme, avait fait le tour de la planète en deux jours. Chaînes de télévision, journaux, radios, sites d'informations en ligne relayaient systématiquement l'information, tout en la présentant comme un coup de pub réussi.

Tout était parti de l'un des sites spécialisés sur le jeu. Un site personnel, réalisé par Davis H. de San Francisco. Il annonçait avoir déchiffré l'indice fourni par l'article du *New York Times* : une forme d'anagramme mathématique.

La veille, le *New York Times* avait en effet à nouveau donné un indice du jeu, contenu dans la vidéo du 2e chapitre du *Manifeste*. Des images supplémentaires étaient incrustées dans le film. Le journal avait réalisé un fac-similé des images en question.

Elles contenaient des indications pour déchiffrer un code. On apprenait notamment que le E valait 5, le N 14, le B 2, le Y -2, le R -9. On nous invitait à jouer avec l'alphabet, et à ne pas hésiter à essayer de faire des soustractions et des additions d'une lettre à l'autre.

Davis H., grand amateur d'anagrammes, disait donc avoir trouvé la formule. Elle consistait à affecter simplement un poids à chaque lettre de l'alphabet, de 1 à 26. Ensuite, il fallait comprendre pourquoi l'indice donnait -2 pour le Y au lieu de 25 et -9 pour le R au lieu de 18, comme leur poids dans l'alphabet l'aurait voulu. En fait, ces chiffres négatifs étaient le résultat de soustractions réalisées à partir des lettres du mot d'origine de l'anagramme. Par déduction d'abord, puis application d'une formule mathématique ensuite, Davis H. révéla au monde le fruit de sa découverte : si RYBEN constituait un pur anagramme de ENBYR, ENBYR s'avérait être un anagramme « mathématique » d'un autre nom : JÉSUS.

Sollicité de toutes parts pour des interviews, Bryan Vecler était introuvable.

Marie, apprenant la nouvelle, était devenue folle de rage. Elle s'était précipitée dans le bureau de son patron, était entrée sans frapper, furibonde.

— Eh bien, eh bien, que se passe-t-il, mademoiselle Curtis, vous avez vu un fantôme ?

— Parlons-en justement ! C'est quoi ce plan ? Il faut immédiatement arrêter cette mascarade ridicule. Ce type est complètement psy ! Il va nous attirer de gros ennuis !

— Vous êtes une grande professionnelle, mademoiselle, et je vous apprécie beaucoup. En revanche, vous n'avez pas le sens des affaires. Ce « type », comme vous dites, est en train de focaliser l'attention du monde entier sur son jeu. Le nombre d'abonnés ne cesse de croître…

— Je sais, on en est à plus de 20 millions. Et alors ?

— Et alors, je vous rappelle que nous avons obtenu l'exclusivité de la diffusion du jeu, mademoiselle Curtis. Et ce n'est pas grâce à vous. Vous avez failli tout faire capoter avec vos airs de vierge effarouchée !

— O.K., vous recevrez ma démission sous 48 heures, John !

— C'est hors de question ! N'oubliez pas notre contrat avec Vecler. Il compte sur vous et moi aussi.

— Je ne cautionnerai pas une collaboration avec cet allumé, vous aurez ma démission sur votre bureau demain matin !

Elle claqua la porte, passa prendre son sac dans son bureau et, sans dire un mot à personne, se dirigea prestement vers la sortie de *New World Net*. Une fois à l'extérieur, elle se mit à pleurer.

Tout en pleurant, elle se rendit au journal pour rejoindre Juddy. Connaissant les locaux, elle se dirigea directement vers son bureau. Avant d'y parvenir, elle l'aperçut à travers la vitre du bureau de Charly Weis. Ils semblaient en grande discussion. Seul Charly la remarqua et lui fit un petit signe de la main.

Au bout d'une demi-heure, Juddy rejoignit son bureau. Il semblait soucieux. Dès qu'il aperçut Marie, il remarqua qu'elle avait pleuré et la prit dans ses bras, serra sa tête contre sa poitrine en la caressant affectueusement.

— Excuse-moi, Marie. Je ne savais pas que ça tournerait comme ça. C'est toi qui avais raison. Il s'est servi de moi et je me suis laissé berner.

— Je sais, Juddy, mais tu n'y es pour rien. N'importe qui aurait agi comme toi, de toute façon. En plus, c'est ton travail. Au fait, en parlant de travail, je viens de démissionner.

— C'est pas vrai ?

— Si, je me suis engueulée avec Leederman.

— Oh non ! Marie, tu n'as pas fait ça ?

— Si. Je ne peux pas participer à une connerie de cette ampleur.

— Alors, ils la feront sans toi, Marie, ça ne résout rien ! J'ai le sentiment qu'au contraire, tu étais bien placée pour intervenir, au cas où... Aux premières loges pour couper le cordon si besoin.

— Tu as sans doute raison, mais c'est trop tard. On s'est quittés très fâchés, avec le gros.

— Rappelle-le et excuse-toi. Dis-lui que tu as bien réfléchi, que tu t'es emportée par réaction... Quelque chose me dit que Vecler n'appréciera pas ton départ. Leederman le sait, donc il acceptera bien volontiers tes excuses.

— O.K., lâcha Marie après quelques secondes de réflexion, mais je suis d'accord à une condition !

— Laquelle ?

— Promets-moi qu'on va tout faire, tous les deux, pour démasquer ce tordu, pour le coincer, pour mettre au jour sa véritable personnalité…

— Je voudrais bien, mais il se trouve que je viens de dire à Charly que je ne voulais plus m'occuper de ce dossier !

Marie, toujours appuyée contre la poitrine de Juddy, eut un large sourire. Elle leva la tête pour le regarder et, transgressant ses propres règles, posa un doux baiser sur ses lèvres. Puis elle lui dit ironiquement :

— Ce n'est pas grave, Juddy. Il suffit d'aller t'excuser auprès de ton patron. Quelque chose me dit que Vecler souhaiterait rester en contact avec son confident, et je suis sûre que Charly le sait. Donc il acceptera facilement tes excuses !

— Tu es incorrigible, Marie, mais c'est comme ça qu'on…

Le téléphone coupa les élans amoureux de Juddy, qui décrocha. Tout en acquiesçant de temps à autre aux paroles de son interlocuteur, il écrivit « VECLER » sur un post-it et le tendit à Marie.

— C'est d'accord… J'y serai… À tout à l'heure.

— Il t'a donné rendez-vous ? questionna Marie.

— Oui, il veut me voir tout de suite. J'y vais. Je t'emmène, c'est à côté de NWN. Comme ça, tu pourras aller voir Leederman pendant ce temps…

* * *

Quand Juddy pénétra dans le bar de la 44e rue, il aperçut immédiatement Vecler, assis à une table d'angle au fond de la pièce, sirotant un verre de vin blanc, les yeux fermés.

Il s'assit en face de lui.

— Bonjour, monsieur Desmith, fit Vecler d'une voix grave, avant d'ouvrir les yeux.

— Bonjour, monsieur Vecler, je suis venu dès que possible.

Vecler restait silencieux. Juddy reprit la parole :

— On peut dire que vous avez fait du bruit avec cette histoire !

— Tant mieux, répondit Vecler sans conviction, j'espère que votre journal se vend bien ?

— Moins bien que votre jeu, mais c'est pas mal quand même. Ça, pour un coup de pub, on peut dire que c'est réussi !

Vecler le fusilla de son regard d'acier.

— Il ne s'agit pas d'un coup de pub, monsieur Desmith ! dit-il d'un ton menaçant. Je vous croyais plus futé, vous me décevez ! J'espère que je n'aurai pas à changer d'intermédiaire… à m'adresser directement à votre rédacteur en chef, par exemple ?

— Faites ce que vous voulez. Mais pardonnez-moi, si ce n'est pas un coup de pub, qu'est-ce que c'est ?

— Vous avez lu et écouté ce que disait Ryben, ou seul le côté ludique du jeu a retenu votre attention ?

Décidément, Vecler n'était pas à prendre avec des pincettes.

— J'ai écouté. Mais de là à le prendre pour le Messie !

— L'histoire de Jésus n'est qu'une symbolique, monsieur Desmith. Ce qui compte, c'est son message. Un message d'amour entre les hommes, de fraternité et son témoignage de l'existence d'un autre monde. Ryben ne dit pas autre chose.

Effectivement, il est dérangé, pensa Juddy. Pourquoi ne s'en était-il pas aperçu plus tôt ?

— Donc, vous croyez que Ryben est Jésus ?

— Croyez-vous en Dieu, monsieur Desmith ?

— Oui et non… Disons que je crois qu'il y a quelque chose de plus grand que nous.

— Très bien. Donc, vous croyez en quelque chose que vous n'avez pas vu ?

— Oui, comme tout le monde d'ailleurs !

— Alors, je ne comprends pas votre scepticisme vis-à-vis de Ryben qui ne fait que délivrer le message de ce « quelque chose de plus grand » !

— Mais Ryben n'existe pas ! C'est un personnage de jeu, il est totalement virtuel !

Vecler ferma les yeux en soufflant.

— Ce qui est difficile avec vous, c'est de réussir à vous faire voir au-delà de vos sens ! Vous ne parvenez pas à prendre de la hauteur par rapport aux choses soi-disant « concrètes ».

Monsieur Desmith, imaginez l'un de vos ancêtres, il y a 200 ans. Vous lui collez votre téléphone portable dans la main et vous le mettez en relation avec un ami à Tokyo. Quand il entendra la voix, si proche et si concrète, est-ce qu'il vous croira ? Comment pourrait-il appréhender des mécanismes que son référentiel de l'époque ne connaissait pas ?

Le téléphone est un moyen de communication qui a permis un certain rapprochement géographique, tout en restant dans un environnement spatial.

Réfléchissez un instant et pensez à ce que représente aujourd'hui Internet. C'est aussi un moyen de communication, mais, petit plus par rapport au téléphone, il permet de dépasser les barrières spatiales. Et ça, l'homme ne l'avait jamais fait auparavant.

— Excusez-moi, mais je ne vois pas en quoi il dépasse les barrières spatiales : les internautes sont bien sur terre !

— Tout cela est expliqué dans les prochains épisodes de *Ryben*… Mais je souhaiterais vous initier un peu, si vous voulez bien poursuivre notre collaboration.

— Je ne l'ai pas remise en cause. Mais avouez tout de même que j'ai de quoi être surpris !

— L'effet de surprise était nécessaire, je ne pouvais pas vous en parler. Bien. Reprenons un instant notre conversation. Vous demandiez en quoi Internet peut transcender les barrières terrestres, n'est-ce pas ?

— Oui.

— Qu'est-ce qu'une communauté virtuelle, d'après vous ? Prenons par exemple les collectionneurs de voitures anciennes, pour rester concrets.

— Disons un ensemble d'internautes rassemblés autour d'un même sujet?

— Oui, mais ce n'est qu'une partie de la réponse: il manque au moins trois éléments essentiels.

Le premier: le lieu. Les internautes en question sont rassemblés autour d'un même sujet certes, mais dans un même lieu. Et ce lieu de rencontre n'est pas géographique, il est virtuel. Il y a création d'un nouvel espace en quelque sorte.

Le deuxième: les limites, ou plus précisément l'absence de limites. Une telle communauté pourrait regrouper quelque 500 000 adhérents. Ceux-ci peuvent se retrouver, par le biais d'un portail spécialisé par exemple, à une heure donnée pour assister, au même moment, à la présentation d'un modèle particulier, ou bien pour échanger, vendre, acheter…

Imaginez-vous une telle scène terrestre? Trouverez-vous un espace suffisant pour accueillir 500 000 personnes potentielles en même temps? Non. Les contraintes terrestres, les limites spatiales sont trop restrictives.

Troisième élément: la multiplicité des espaces et des identités. On peut aimer à la fois les vieilles voitures, l'archéologie, et les films de Steven Spielberg. On peut donc appartenir à ces trois communautés virtuelles, si elles existent, ou plutôt si elles coexistent dans des dimensions différentes. On pourrait également imaginer pour un même internaute des identités propres à chacune de ces dimensions.

Vous me suivez?

— Oui… Je ne comprends pas très bien la notion d'identités différentes?

— Aujourd'hui, vous êtes citoyen de New York parce que vous y résidez, de manière physique. Et il ne vous est pas matériellement possible de résider à New York et Paris en même temps. Imaginez maintenant des cités virtuelles. Je peux être acteur, pourquoi pas élu même, dans deux cités virtuelles, avec des fonctions différentes, une identification différente…

Bryan Vecler se tut, comme pour laisser Juddy digérer ses explications.

— Tout ceci est très intéressant, monsieur Vecler, mais…

— Mais ?

— Mais quel rapport avec Jésus ?

— Le même qu'il y a 2000 ans : celui de guide, d'éclaireur de conscience, de messager.

— Mais pour Ryben, c'est vous qui écrivez le message ? Vous vous prenez pour Dieu ?

— Non, rassurez-vous. Mais je ne vous ai pas tout dit.

Vecler reprit sa respiration, montrant qu'il allait avouer une faute :

— Ce n'est pas moi qui ai créé Ryben. Je l'ai découvert, c'est tout.

* * *

De retour au journal, Juddy fonça dans le bureau de Charly Weis.

— J'ai du nouveau ! dit-il en poussant la porte.

— J'espère. Je te rappelle que tu es payé pour ça !

— Je viens de voir Vecler…

— Tiens ! Je croyais que tu ne suivais plus ce dossier ? Tu as changé d'avis ?

— Il m'a appelé.

— Et qu'est-ce qu'il t'a raconté ?

— Des histoires ésotériques. Par contre, il m'a demandé de faire passer un communiqué.

— Intéressant ! Et ça dit quoi ?

ÉPISODE 7

« Mon seul objectif est d'ébranler vos certitudes »

« Chers amis, chers abonnés à Ryben*,*

Les dernières révélations relatives à Ryben *ont créé une vive émotion et de nombreux commentaires, pas toujours éclairés.*

Je vous devais une explication.

Je souhaite, par ce communiqué, rétablir la vérité, factuelle, telle qu'elle m'est apparue.

Durant ces cinq dernières années, j'ai réalisé des recherches approfondies sur « l'espace virtuel », un peu à la manière d'un astronome, pour essayer d'en comprendre le fonctionnement. Je l'explorais, en quelque sorte. Quoiqu'on en dise, nous n'en sommes qu'aux balbutiements de la découverte de cette nouvelle dimension.

Nous ne l'utilisons encore que de manière superficielle, nos « adhérences » terrestres étant trop fortes.

À l'occasion d'une de mes « sorties », dont le mécanisme serait trop long à expliquer, j'ai réussi à établir un « contact ». Celui-ci s'est ensuite matérialisé, pendant un an, par la réception dans ma messagerie de mails avec pièces jointes. Chaque fichier attaché contenait un épisode de Ryben*. Je les ai tous visionnés, au fur et à mesure de leur réception.*

Parallèlement à la transmission des épisodes, Ryben m'a donné une sorte de feuille de route, précisant ce que je devais faire :

Création de la société de diffusion,

Mise en ligne mensuelle des épisodes,

Découverte des indices,

Non divulgation du contenu des épisodes suivants.

Aujourd'hui, je crois en lui, sans l'ombre d'un doute, parce que je l'ai écouté.

Cette expérience m'a convaincu de l'intérêt de vous laisser découvrir le message directement, plutôt que de le retranscrire et d'en donner une vision déformée et improbable. Je continuerai donc à suivre les indications de Ryben et à diffuser, via la société NWN qui dispose de la plus grosse bande passante mondiale, la suite de ces révélations.

J'aimerais que ceux qui critiquent aujourd'hui le contenu de cette diffusion se taisent, pour laisser les autres l'apprécier. Je suis convaincu qu'eux aussi, bientôt, nous rejoindront.

Je précise, à toutes fins utiles, que j'ai automatisé le processus de diffusion pour le rendre indépendant de mon intervention et pleinement sécurisé. Même si je le voulais, je ne pourrais livrer le contenu en une seule fois, ni l'interrompre : c'est désormais techniquement impossible.

Une dernière précision : n'attachez qu'une importance relative, dans un premier temps, à l'identité de Ryben et entendez avant tout son message. Le reste suivra.

Rappelez-vous que Jésus, lors de sa précédente apparition, eut beaucoup de difficultés à convaincre qu'il était porteur du message de Dieu.

Bryan Vecler,

Un simple apôtre de Ryben ».

Le communiqué de Bryan Vecler figurait en première page de l'édition spéciale du *New York Times*. Exceptionnellement, le tirage avait été multiplié par dix. Le journal avait également inséré le communiqué dans sa version Internet, pour une diffusion internationale.

Charly Weis était un homme heureux. Il avait donné une prime de 20 000 dollars à Juddy Desmith, en récompense de cette exclusivité, et surtout pour l'encourager à continuer. Il sentait bien, depuis quelque temps, les réserves de Juddy par rapport à Vecler, et le savait capable de tout laisser tomber, pour des raisons d'éthique.

Il craignait également l'influence de Marie Curtis. Lors du déjeuner, il lui avait demandé comment Marie prenait cette histoire. « Je n'en sais rien, avait répondu Juddy, cette fois, elle ne me parle plus ! ».

De son côté, Juddy était passé à plusieurs reprises chez *Online Entertainment* pour essayer de voir Vecler, sans succès. En revanche, il avait passé de bons moments avec Laetitia. Elle était si vivante, si fraîche ! Elle avait la spontanéité d'un enfant et un goût surdéveloppé pour les plaisirs sexuels. Une véritable furie, infatigable, ne se lassant jamais de caresser, de se faire caresser, de s'offrir, de se faire découvrir.

Durant le mois précédant la mise en ligne du nouvel épisode du jeu, *Ryben* était devenu l'un des sujets les plus médiatisés et les plus controversés. De nombreux débats étaient organisés sur toutes les chaînes de télé, des débats dont le sujet, invariablement, consistait à démontrer pourquoi Ryben ne pouvait être celui qu'il prétendait. Les religieux – les chrétiens en particulier –, étaient les plus ardents défenseurs de la thèse de la « machination commerciale » et se montraient particulièrement actifs. Ils demandaient purement et simplement aux autorités d'interdire dorénavant la diffusion de ce jeu pervers. L'association des « familles chrétiennes » intentait même un procès à la société *Online Entertainment* pour propos subversifs et outrageants envers ses adhérents, mettant en avant le fait que le discours, par son support ludique, touchait en priorité les « jeunes âmes » et risquait de leur inculquer de fausses idées avec, pour seul objectif, d'accroître le nombre d'abonnés et, incidemment, les profits de la société.

Pour sa part, la bourse n'était pas en reste. Elle accompagnait le mouvement médiatique en portant la valeur de l'action *Online* à des sommets jamais atteints, ni même espérés. Le titre suivait une hausse exponentielle et tirait à lui seul le *Nasdak*, qui gagnait plusieurs points par jour. Dans ce sillage vertueux, NWN présentait la plus forte hausse après *Online Entertainment.*

Marie Curtis, qui possédait un gros paquet de stock-options que la société lui avait attribuées lors de l'introduction en bourse se retrouvait virtuellement riche, très riche.

Pourtant, Marie était malheureuse.

Fâchée avec son compagnon, en froid avec son patron, elle vivait très mal toute cette histoire.

Elle n'avait plus de nouvelles de Bryan Vecler, alors que la diffusion du 5e épisode devait avoir lieu le lendemain soir, à 22 h 00. Marie avait mis son temps libre à profit pour étudier le mécanisme de transfert mis au point par Vecler pour les diffusions. Visiblement, tout était réglé à partir de ses propres serveurs. Les gigantesques tuyaux de NWN ne servaient que de relais, d'interface, pour supporter la charge de connexions.

Elle ne trouva donc rien de résident sur les serveurs de NWN : aucun fichier, aucun programme de quelque sorte que ce soit. Pourtant, Vecler avait parlé d'un système automatisé qui ne demanderait aucune intervention ; avait-il menti ?

Il lui restait au moins une dernière solution : celle de mettre en rideau les serveurs de réseau de NWN au moment de la diffusion. Mais cette action terroriste ne pouvait apporter qu'un sursis et signait son licenciement.

Comment faire ? Marie était désappointée. Si au moins Juddy ne l'avait pas laissée tomber ! Juddy était trop honnête pour percevoir le mal, et lorsque par hasard, il décelait de la méchanceté chez autrui, il cherchait immédiatement les circonstances atténuantes qui pouvaient justifier de tels gestes. Elle n'aurait jamais dû se fâcher avec lui ! Elle seule pouvait lui ouvrir les yeux. Mais pourquoi ne rappelait-il pas ? Il devait pourtant savoir qu'il lui suffisait d'appeler, de faire mine de s'excuser de sa bêtise pour que Marie fonde en larmes et lui pardonne. Il devait être avec Vecler. Ce salaud ne devait pas le lâcher désormais, sinon Juddy appellerait. Vecler profitait de la gentillesse de Juddy, pour préparer ses prochains coups d'éclat, avec Juddy pour porte-voix. Il fallait à tout prix l'en empêcher.

Marie Curtis conclut que son amour-propre était moins important que son amour pour Juddy et décida de l'appeler.

Au moment où le téléphone sonna, vers 23 h 00, Juddy était couché sur le dos, dans son lit, fumant une pipe. À l'odeur du tabac hollandais se mêlait celle de la délicieuse Laetitia, allongée contre lui, la tête blottie au creux de son épaule.

— Tu ne réponds pas ? lui demanda-t-elle en constatant qu'il restait stoïque.

— Je préfère ne pas répondre, non… Il y a le répondeur, de toute façon.

Effectivement, le répondeur mentit en déclarant que Juddy Desmith n'était pas là pour le moment. Puis tous deux entendirent l'enregistrement d'une voix féminine.

« Juddy, Juddy ? Tu n'es pas là ? Tu dors ? Réponds, Juddy, c'est moi, Marie ! Il faut que je te parle. Réponds, s'il te plaît ! Bon… Alors, rappelle-moi dès que tu auras ce message. Il faut que je te parle de Vecler. Salut ! »

Juddy avait failli répondre, mais la présence de Laetitia le gênait trop, surtout vis-à-vis de Marie. Les femmes sentent trop de choses, Marie aurait compris qu'il n'était pas seul. Il avait senti le sursaut de Laetitia lorsque Marie avait prononcé le nom de son patron. Il décida de prendre les devants pour satisfaire sa curiosité.

— C'est mon assistante, au journal. Elle travaille avec moi sur le dossier *Ryben.*

— Ah bon ? Et elle t'appelle à cette heure-ci ? l'interrogea Laetitia avec son sourire coquin.

— Euh… oui… ça lui arrive, tu vois !

— C'est ta petite amie, n'est-ce pas ?

— Oui. Enfin, oui et non… mais c'est terminé maintenant.

— Je n'y suis pour rien, au moins ? demanda la pulpeuse Laetitia en caressant le ventre de Juddy.

— Non, tu n'y es pour rien. C'est une histoire compliquée entre elle et moi. Comme si nous empruntions des routes parallèles, proches en apparence, mais qui ne se rejoignent jamais. Et aujourd'hui, nos routes divergent. Enfin ! Ce n'est pas grave !

Laetitia devenait plus entreprenante. Sa main était partie en exploration sous les couvertures.

— Tu n'es donc jamais rassasiée ! s'exclama Juddy en la faisant rouler sous lui. Il admirait les yeux verts de la petite rouquine. Ils semblaient luire dans la pénombre, comme deux phares lointains traversant la brume marine.

— Non, jamais ! Tu es tellement bon ! grommela-t-elle en lui léchant le cou.

** *

Marie attendit jusqu'à 23 h 30, puis perdit patience. Elle décida de se rendre seule à son bureau. Il fallait qu'elle trouve quelque chose. Une demi-heure après, elle était arrivée devant le bâtiment futuriste qui, la nuit, paraissait lugubre. La traversée du tunnel en plexiglas semblait interminable. Encore une idée saugrenue de Leederman, pensa-t-elle en pressant le pas. L'accueil était désert. Tout le bâtiment était relié par caméra à un central de sécurité, ce qui évitait la présence permanente d'un vigile.

Arrivée à son bureau, Marie se demanda pourquoi elle était venue. Elle décida de se rendre dans la grande pièce sécurisée abritant les serveurs principaux. La salle était allumée ; pourtant, personne ne devait travailler à cette heure tardive. Elle fut saisie d'une intuition fulgurante, qui se vérifia quand, ayant tapé le code d'accès, elle pénétra dans la salle.

— Tiens, monsieur Vecler ! Vous ici ?

Vecler ne montra aucun signe de surprise et leva la tête dans sa direction.

— Bonsoir, mademoiselle Curtis, dit-il en souriant, très heureux de cette visite inopinée !

— On peut savoir ce que vous faites ici, en pleine nuit ?

— Je travaille, tout simplement ! Quelques réglages à terminer avant le lancement de la prochaine émission.

— De la prochaine bombe, vous voulez dire ! Mais ça ne répond pas complètement à ma question : comment êtes-vous entré ?

— Ah, je vois, John ne vous a rien dit ? Je lui ai téléphoné la semaine dernière et lui ai demandé la permission de venir travailler ici de temps en temps, de jour comme de nuit. Il a gentiment accepté et m'a communiqué les codes d'accès.

— Bien entendu ! grommela Marie.

Elle constata qu'il travaillait directement sur la console de contrôle de l'un des serveurs de réseau.

— Et ça consiste en quoi, ces derniers réglages ? demanda Marie en s'avançant suffisamment pour pouvoir lire l'écran.

— Oh, je règle surtout le load balancing, je pense qu'on va devoir supporter une charge importante. Je vérifie que tous les clusters sont opérationnels. J'ai opéré une répartition de charge sur vingt serveurs, on ne sait jamais !

— Effectivement, nous en sommes à 40 millions d'abonnés…

— Non, 50. J'ai regardé tout à l'heure.

— Félicitations, vous jouez à guichets fermés. Mais vous cherchez quoi, au juste ? Vu le cours de l'action *Online*, vous n'avez plus de problème d'argent jusqu'à la fin de votre vie et pour plusieurs générations, je présume.

— En effet. Mais l'argent m'importe peu. Vous avez suffisamment d'intelligence, et d'intuition, pour l'avoir compris depuis longtemps.

Le ton de Vecler avait changé. Il devenait moins professionnel, plus franc et plus froid.

— Je crois avoir un peu d'intuition, comme vous dites, et je n'arrive pas à croire à votre version des faits… Je veux dire, celle que vous avez publiée dans le *New York Times*.

— Vous voulez parler du communiqué publié par votre ami, Juddy Desmith ?

— Comment savez-vous…

— Disons que je l'ai appris. Qu'est-ce qui vous déplaît dans cette version des faits ?

— Je trouve que ça sonne faux. Je suis sûre que vous mentez !

— Marie, vous vous trompez à mon sujet. Je n'ai aucune intention malveillante, croyez-moi.

Vecler fit pivoter sa chaise en direction de Marie et lui saisit brutalement les mains.

— Je ne suis qu'un intermédiaire, mademoiselle Curtis. L'intermédiaire de Ryben. C'est lui qui détient le message.

— Je n'en crois pas un mot, monsieur Vecler ! s'exclama Marie en retirant ses mains.

— Marie, je vous apprécie énormément, vous savez. Vous êtes divinement belle, intelligente, vous êtes pourvue d'un caractère extraordinaire. Mais vous réagissez en vous laissant guider par vos intuitions… et parfois, vos intuitions sont fausses. Vous vous trompez sur mon compte comme vous vous trompez sur celui de Juddy Desmith.

— Je ne vois pas ce que Juddy a à voir avec ça !

— Laissez-moi éclairer votre lanterne, et vous comprendrez. Vous allez constater avec moi que les hommes ne sont pas toujours ce qu'on croit qu'ils sont ! Venez, asseyez-vous à côté de moi et attachez votre ceinture, on va se balader. Mais avant, on va faire un petit coucou à votre ami.

Marie regarda Vecler se connecter à Internet, puis taper un certain nombre d'adresses, en employant une syntaxe qu'elle ne connaissait pas. Malgré sa peur, elle prit le parti de s'asseoir. Ce qu'elle vit ensuite la fit presque vomir.

Sur l'écran apparaissait une vidéo, comme une scène de film pornographique, dont l'acteur principal serait… Juddy.

— Mais qu'est-ce que ça veut dire ? hurla-t-elle.

— Ah oui, j'ai oublié de vous dire que c'était du direct. Vous comprenez mieux maintenant ?

Dans la pénombre, on distinguait très bien Juddy ; la caméra filmait son corps de très près. On pouvait voir qu'il faisait l'amour avec une femme dont on ne pouvait atteindre le visage, comme si la caméra était placée… dans ses yeux ! Oui, c'était bien ça, Juddy venait d'embrasser cette femme et son visage, trop proche, masquait pratiquement tout le champ de vision. « Tu aimes quand je te lèche ? » demanda la voix féminine. « Oui, j'adore ça, Laetitia », murmura Juddy de son timbre de voix grave, inimitable. Et la caméra descendit sous les draps. On ne voyait presque plus rien. Comme une rétine, l'œil de la caméra s'habituait peu à peu à l'obscurité. On devinait maintenant un mouvement assez régulier.

Marie fondit en larmes.

— Vous êtes odieux, Vecler. Je vous hais. Vous êtes un monstre !

— Oh là ! Je n'y suis pour rien, moi. Je ne suis là que pour montrer les choses telles qu'elles sont. Mon seul objectif est d'ébranler vos certitudes, excusez-moi si j'emploie des moyens un peu… brutaux. Bon, je pense que vous en avez assez vu, passons aux choses sérieuses maintenant !

Vecler ferma la fenêtre contenant la scène de Juddy, puis tapa à nouveau des adresses bizarres.

— Nous allons rétablir le contact, annonça-t-il.

— Le contact avec… ?

— Vous allez bien voir.

L'écran devint noir ; un cercle brillant, en son centre, apparaissait en transparence.

— C'est quoi ? demanda Marie sans conviction, abattue par la scène précédente.

— Une sorte de moyen de transport, annonça Bryan Vecler. Un couloir, plus précisément. Nous allons l'emprunter. À vous l'honneur ! (Vecler tendit la souris à Marie.) Allez-y ! Cliquez au centre !

Pendant que Marie entrait en contact, Bryan Vecler l'observait attentivement. Il s'était levé et se tenait derrière elle, les yeux rivés sur son joli cou.

« Danser. Danser sous la pluie avec elle. Danser tous les deux, nus sous la pluie. Boire l'eau de la pluie coulant sur son corps. Boire le lait de son corps. »

Marie ne put voir la lueur vive s'échappant du regard de Bryan Vecler.

ÉPISODE 8

« Pouvez-vous deviner ce qui va suivre ? »

Juddy ne fut libéré de Laetitia qu'au petit jour. Il n'avait donc pu rappeler Marie, comme il l'aurait souhaité. Il écouta à nouveau son message et ressentit cette impression étrange en entendant sa voix. « Marie ne va pas bien et moi, qu'est-ce que je fais ? Je baise avec cette petite… fort sympathique et agréable au demeurant mais… mais rien à voir avec Marie ! Et puis Marie, je l'aime, merde ! C'est ça, je l'aime, Marie, et je suis un sale con, un pauvre type, un sombre connard ! ».

Parvenu à ce stade de l'autoinsatisfaction, classique en pareille circonstance adultère, Juddy décrocha son téléphone et composa le numéro de Marie. Il jeta en passant un coup d'œil vers son réveil qui lui afficha 08 h 08, comme pour le narguer. La sonnerie retentit dans le vide. Marie ne répondait pas et le répondeur n'était pas branché. Il appela ensuite au bureau de Marie. Personne. « Bon Dieu, mais où est-elle passée ? ».

Juddy était assailli par un mauvais pressentiment, qui se juxtaposait, peu à peu, à celui du remords. Il eut une sueur froide, désagréable.

Il prit une douche rapide, qui ne parvint pas à le réchauffer, enfila un jean et un pull vert à col roulé, et sauta dans son véhicule pour se rendre au siège de NWN.

Il y arriva vers 9 h 00. L'hôtesse blonde qu'il connaissait, Helena, n'était pas à son poste. Dommage, pensa-t-il, celle-là ne voudra peut-être pas me laisser rentrer.

— Désolée, confirma la petite brune, pas très jolie, assise à la place d'Helena. J'ai des consignes strictes de la direction, je ne peux laisser entrer personne sans rendez-vous !

— Mais je suis Juddy Desmith, le compagnon de Marie Curtis ! Appelez-la, s'il vous plaît !

L'hôtesse intérimaire s'exécuta.

— Désolée, mais elle ne répond pas. Je pense qu'elle n'est pas arrivée, d'ailleurs, je l'aurais vue passer.

— Bien, je vais attendre ici un moment.

— Je crois que ça ne va pas être possible, monsieur ; question de sécurité. Vous savez, en ce moment, avec cette « affaire *Ryben* », nous devons prendre des précautions. Je suis désolée.

— J'ai compris que vous étiez désolée, madame. Au revoir.

Juddy ressortit et attendit devant le hall d'entrée, à l'extérieur du bâtiment. Au bout d'un quart d'heure, il vit s'avancer la voiture de Leederman, une grosse Audi A8 facilement reconnaissable. Juddy courut jusqu'à l'entrée du parking souterrain pour l'intercepter, lui faisant de grands signes.

La vitre arrière de l'Audi s'ouvrit, laissant dépasser le crâne chauve de Leederman.

— Eh bien, que se passe-t-il ?

— Monsieur Leederman, c'est moi, Juddy Desmith, l'ami de Marie Curtis !

— Je vois bien, Juddy, je vous ai reconnu ! Qu'y a-t-il ?

— Je cherche Marie ; votre nouvelle hôtesse n'a pas voulu me laisser entrer.

— Elle a très bien fait ! Allez, montez avec moi !

Après avoir avalé Juddy, la voiture s'engouffra dans le parking souterrain. En passant par l'ascenseur du parking, ils arrivèrent directement à l'étage du bureau de Leederman, où se trouvait également celui de Marie.

— Je vous laisse aller voir, Juddy, vous connaissez le chemin ?

— Oui, merci monsieur.

Leederman retint Juddy par le bras :

— Dites…

— Oui ?

— Passez me voir après, si vous voulez bien.

— Oui, bien sûr. À tout à l'heure !

Juddy fonça en direction du bureau de Marie. Il était vide. Il passa la tête dans les bureaux voisins pour demander si quelqu'un avait aperçu Marie, ce matin. Personne ne l'avait vue.

Le mauvais pressentiment de Juddy ne le lâchait plus maintenant ; il s'était passé quelque chose, il en était certain.

Après une demi-heure de recherche infructueuse, il retourna dans le bureau de Marie et composa son numéro de téléphone personnel. Marie ne répondit pas, mais cette fois-ci, le répondeur décrocha et égrena le message de Marie.

« Marie ? fit Juddy après le message, Marie, tu es rentrée ? Marie, c'est Juddy, Marie, réponds s'il te plaît… Bon, tu as dû repartir… je rappellerai plus tard. »

L'essentiel, c'est qu'elle soit repassée chez elle, pensa Juddy pour se rassurer. Mais cette tentative échoua. Il restait vert de trouille, l'estomac noué, le cœur en extra-systole permanente.

Il était en proie au même sentiment ambigu que l'enfant qui perd sa maman dans un grand magasin : un mélange de peur panique et de culpabilité.

Il alla voir Leederman avant de partir, comme convenu.

— Entrez ! intima Leederman lorsqu'il l'aperçut dans l'encadrement de la porte de son bureau ouvert. Alors ? Vous l'avez trouvée ?

— Non… Non, pas encore… Je vous avoue que je suis inquiet.

— Pas la peine d'avouer, ça se voit. C'est vrai que ce n'est pas trop dans ses habitudes d'être en retard, surtout un jour comme aujourd'hui, juste avant l'émission que tout le monde attend. Vous permettez une minute, je termine de prendre connaissance de mes mails, pour voir combien j'ai de procès au cul, aujourd'hui ! Avec cette affaire, ça n'arrête plus, mais bon… ça vaut le coup !

— Je vous en prie, allez-y.

Leederman ouvrit un mail après l'autre, silencieusement, quand soudain :

— Tiens, j'ai quelque chose qui va vous intéresser ! Un message de Marie. Je vous le lis ?

— S'il vous plaît !

— « John,

J'ai essayé de vous joindre ce matin, mais vous n'étiez pas arrivé. Je me permets donc de vous adresser ce mail, que vous lirez, je l'espère, dans la matinée.

Comme vous le savez, je ne partage pas votre enthousiasme pour la diffusion de *Ryben*. Je préfère ne plus participer à ce jeu que je ne crois pas digne d'intérêt. Je pose donc quelques jours de congé, qui me permettront de réfléchir.

Ne vous inquiétez pas pour ce soir : tout est prêt. J'ai vu ça avec monsieur Vecler. Nous avons installé 20 serveurs en clusters qui supporteront la charge attendue sans problème. J'ai vérifié les paramètres de load balancing et de simulation de montée en charge. Tout est O.K..

Je vous recontacterai plus tard.

Avec mes excuses.

À très bientôt,

Marie Curtis. ».

— Ça, c'est bien Marie ! s'exclama Leederman ; cohérente avec ses idées, mais professionnelle jusqu'au bout ! Je l'admire, vous savez ! Bien, vous voilà rassuré ?

— Oui… Oui, sans doute, balbutia Juddy. À quelle heure a-t-elle posté ce mail ?

— Voyons cela… 8 heures !

— 8 heures ?

— Oui. 8 heures et 8 minutes pour être précis !

— Merci John. Je dois y aller maintenant, le travail m'appelle !

— Bien sûr, Juddy. Dites-moi, vous avez vu Vecler récemment ? Vous préparez un nouvel article ?

— Non, je ne l'ai pas vu. Mais vous savez, en principe il m'appelle après l'émission, pour le débriefing !

— C'est vrai, fit John Leederman en adressant un coup d'œil complice à Juddy.

— Allez, au revoir, monsieur Leederman. Et encore merci !

— Au revoir, Juddy.

Puis il ajouta, alors que Juddy s'était déjà éloigné :

— Passez le bonjour à Marie… et à Vecler !

* * *

Contrairement à ce qu'il avait dit à Leederman, Juddy ne se rendait pas au journal. Il voulait passer chez Marie. Pourquoi n'avait-elle pas répondu, à 08h08, si elle était chez elle, en train d'adresser un mail à Leederman ? Et pourquoi n'avait-elle pas appelé plus tard ? Tout ça ne sentait pas bon… Et ce message… Il était bizarre… Telle qu'il la connaissait, si Marie avait décidé de contrer la diffusion, elle aurait débranché les serveurs plutôt que de les tester. Et dans ce cas, elle n'aurait pas menti à Leederman en lui affirmant le contraire.

Parvenu chez Marie, Juddy sonna deux fois, attendit, puis ouvrit la porte avec le double que lui avait confié Marie. Il pénétra dans l'appartement et jeta un regard circulaire. Le lit était fait, la cuisine propre. Elle n'avait pas déjeuné, ni même pris un café, contrairement à son habitude. Seul l'écran de veille de son micro-ordinateur était animé : il emprisonnait une fleur multicolore qui évoluait en de multiples formes, semblant danser sur un rythme imaginaire et lancinant, comme une bête en cage. Juddy secoua la souris pour « réveiller » le micro. L'écran s'alluma lentement et dessina bientôt le contour de la messagerie, toujours connectée. Elle pointait sur le dernier message envoyé par Marie. Il s'agissait bien du message que

Leederman lui avait lu, adressé à 8 h 08. Juddy balaya rapidement les autres messages récents. Il ne décela rien de particulier. Dans la rubrique des messages reçus, il ne trouva rien d'intéressant non plus. Il reconnut au passage le dernier message qu'il avait adressé à Marie du bureau, juste après la parution du communiqué de Vecler.

Il lui avait expliqué qu'il diffusait cette information sans la cautionner, que Charly Weis avait insisté, mais que ça ne l'empêchait pas d'être vigilant vis-à-vis de Vecler.

Marie n'y avait jamais répondu, pas plus qu'à ses coups de fil.

Juddy fit encore un tour dans l'appartement, ne repéra rien de particulier, puis rentra chez lui pour consulter son répondeur, au cas où Marie l'aurait appelé. Ni lui ni Marie n'avaient souhaité s'armer d'un téléphone portable, jugeant le port de cet ustensile comme une atteinte à la liberté individuelle. Il regrettait aujourd'hui cette forme d'intolérance.

Chez lui, rien n'avait bougé. Il n'y avait pas de message. Quand il appela Laetitia, il était presque midi. Il lui demanda si elle avait vu son patron ce matin. Non, elle ne l'avait pas vu. Il devait être chez NWN en vue de la diffusion. Elle ne savait pas s'il passerait. Il ne lui avait rien dit. C'est tout ce qu'il voulait savoir ?

Oui, c'était tout. Juddy n'était pas d'humeur à dire des mots doux à Laetitia. Il lui avait simplement demandé de bien vouloir le prévenir si elle voyait Vecler. Il restait chez lui, aujourd'hui.

Juddy passa le reste de la journée à se morfondre, à boire des bières, et à fumer des pipes. Légèrement éméché, il se connecta à 22 h 00 pour le nouvel épisode de *Ryben*. « Allez, Ryben, messager de mon cul ! » s'exclama-t-il en envoyant son mot de passe.

Cette fois-ci, le jeu ne commençait pas par la fuite habituelle du superhéros virtuel. Ryben était à nouveau filmé, siégeant dans une pièce ovale, au milieu de laquelle se dressait une table truffée de micro-ordinateurs. Il était filmé à une distance d'environ 4 mètres, mais restait reconnaissable. La vidéo n'occupait que le quart supérieur droit de l'écran. Le reste était noir.

« Chers fidèles, bonjour !

Je vous remercie sincèrement d'être aussi nombreux à suivre ce nouveau chapitre du *Manifeste*. Je vous épargne le petit jeu d'introduction habituel, ça fera gagner du temps à tout le monde. Vous pouvez ranger les joysticks ! En revanche, je vais quand même vous solliciter : j'ai une proposition à vous faire. L'utilisation du support Internet m'offre un moyen simple de discuter avec vous : le t'chat. Utilisons ce moyen, si vous le voulez bien.

En tant qu'internautes avertis, vous connaissez le principe, n'est-ce pas ? ».

À cet instant, le reste de l'espace utile de l'écran s'alluma, laissant apparaître les trois fenêtres suivantes : la première, en haut à gauche, pour poser des questions ; la deuxième, dessous, pour l'affichage de la question en cours ; la troisième, en bas à droite, sous la vidéo, pour l'affichage des réponses de Ryben.

« Voilà. Vous disposez maintenant d'un cadre pour poser vos questions, je les attends. »

Au bout de quelques secondes, une question apparut dans l'espace en haut à gauche :

« Question n° 1 : Si vous répondez aux questions, c'est que nous sommes en direct ? Comment est-ce possible ? »

Dans la fenêtre de la vidéo, on pouvait voir Ryben taper sur son clavier, regarder sa montre, puis, en exagérant son mouvement, appuyer sur la touche < Enter >. Ce dernier geste fut immédiatement suivi de l'affichage de la réponse.

« Réponse : C'est possible, tout simplement. Voulez-vous une preuve ? La voilà : il est exactement 22 heures et 6 minutes, heure de New York. Maintenant, j'attends vos questions ! ».

« *Question n° 2 : où êtes-vous* ? »

« Réponse : Excellente question, mais je n'ai pas de réponse satisfaisante pour vous. Toujours votre fameuse notion de l'espace. Disons que je me trouve dans un espace virtuel, en tant que personnage virtuel. »

« *Question n° 3 : Qu'est-ce qui nous prouve que questions et réponses ne sont pas préenregistrées ? Votre démonstration sur l'heure n'est pas suffisante : vous pouviez très bien avoir prévu cette réplique 6 minutes après le début de la diffusion, prévu à 22 heures.* »

Ryben fit mine de réfléchir. Il se leva et annonça :

« Réponse : d'accord, objection retenue. Je crois avoir une idée qui devrait vous convaincre définitivement. Je vais utiliser un autre micro et me connecter en direct à mon propre site, comme vous l'êtes actuellement. »

Il ponctua cette déclaration par un double salto arrière, comme seuls les personnages de bandes dessinées et de jeux vidéo savent le faire, et atterrit directement sur un siège, en face d'un autre écran. La prise de vue le présentait maintenant de dos, de manière à ce qu'on puisse faire face à cet écran et voir son contenu. Il tapa sur son clavier et déclara :

« Pouvez-vous deviner ce qui va se passer ? Je vous laisse réfléchir une seconde avant d'établir la connexion… Connaissez-vous le phénomène de récursivité, familier aux mathématiciens et aux programmeurs informatiques ? Non ? Alors, en voici un exemple ! ».

Ryben se connecta. Son écran présentait le même aspect que l'écran de Juddy et des autres 50 millions d'internautes connectés. La division en quatre parties était identique. Seul le contenu de la vidéo semblait plus confus. Il était difficile d'en discerner les détails, la taille allouée étant équivalente à un timbre poste, vue d'ici.

« Nous allons momentanément faire disparaître les cadres réservés aux questions et réponses, de façon à ce que vous puissiez mieux observer ce qui se passe sur mon écran et afficher la vidéo en pleine page… »

Effectivement, la fenêtre vidéo se mit à grossir jusqu'à prendre toute la place disponible. On voyait bien plus précisément le dos et les tresses blondes de Ryben, ainsi que son propre écran. Ce dernier affichait la même image que celui de Juddy – c'est-à-dire qu'il affichait aussi Ryben de dos, avec son écran dans la même position –, mais celle-ci se reproduisait à l'infini à l'intérieur de chacun des sous-écrans, jusqu'à n'être plus visible.

« Vous avez peut-être déjà pu observer ce phénomène par le jeu des miroirs, reprit Ryben. Il suffit de se regarder dans une glace et d'en placer une deuxième derrière soi. Dans une certaine position, les glaces se renvoient mutuellement la même image, à l'infini. Cette expérience prouve deux choses :

- la première, que vous auriez déjà pu déduire sans moi, est que votre théorie de l'espace et du temps est fausse, en tout cas, incomplète. Faites vous-même l'expérience des glaces et constatez que l'effet est instantané, et particulièrement précis. Vous pouvez voir l'infini, et vous savez à cet instant qu'il peut échapper aux notions d'espace et de temps ;

- la deuxième, c'est que nous sommes bien en direct, et que c'est bien moi, Ryben, qui réponds à vos questions. En me connectant maintenant, devant vous, je me vois, je me vois, je me vois... et vous voyez la même chose que moi.

Bien. Espérons que vous voilà désormais convaincu et passons aux choses sérieuses. ».

Ryben éxécuta un double salto avant, exactement l'inverse du saut précédent, et se retrouva à sa place d'origine, face à la caméra.

« *Question n° 4 : Comment expliquez-vous que vos principaux détracteurs soient justement les hommes d'Église, alors que vous prétendez apporter la parole de Dieu ?* »

« Réponse : Cette attitude me désole mais ne me surprend pas. Chacun aura observé que, depuis des centaines d'années, les hommes d'Église, comme vous dites, sont de plus en plus intéressés par les églises et de moins en moins par les hommes, jusqu'à en perdre de vue le message divin et sa substantifique moelle. Ils en sont même arrivés à tuer pour défendre, voire pour imposer aux autres, leurs propres croyances. Ceci est évidemment un comble quand on porte un message d'amour, de tolérance, et de solidarité ! Le pire, c'est qu'ils ne semblent plus s'en apercevoir…

Le problème initial, c'est qu'ils ont allègrement mélangé la symbolique, la métaphore, avec le concret, le vécu, rendant du même coup le message inaudible car issu d'une expérience matériellement improbable.

L'auteur du message avait surestimé les capacités d'abstraction humaines.

Quel résultat aujourd'hui ? Ceux qui croient n'ont pour seule obsession que d'organiser leur culte, justifiant sans cesse leur propre aveuglement par des affirmations incohérentes ; ceux qui ne croient pas sont confortés dans leur négationnisme par ce spectacle ridicule et par les contradictions flagrantes entre la teneur du message originel et ses applications humaines.

Voilà pourquoi mes détracteurs principaux sont des hommes d'Église : je mets à mal leurs certitudes.

Si j'ai choisi cette fois-ci cette apparence, non humaine mais représentative, c'est précisément pour éviter le risque d'amalgame entre le corps et l'esprit.

Je ne m'adresse pas spécifiquement aux hommes de foi, aux hommes de culte. Ils nous rejoindront quand ils auront compris leurs égarements.

Je m'adresse à tous ceux qui se demandent pourquoi ils vivent et qui ressentent néanmoins, au plus profond d'eux-mêmes, qu'il existe une explication, inaccessible à leur entendement. À tous ceux qui savent que la race humaine fait partie d'un ensemble qui, pris dans sa globalité, a un sens.

Observez que partout où l'homme s'est cru capable de gouverner sa propre destinée, il s'est trompé.

À chaque fois, il s'est heurté à des problèmes aussi incompréhensibles qu'inattendus : il dérègle le climat par sa production industrielle et ses moyens de locomotion polluants, il favorise l'émergence d'épidémies nouvelles en croyant canaliser la circulation des virus, il génère des fléaux sanitaires par son productivisme alimentaire insensé. À chaque fois, le problème est identique : l'homme se trompe en se prenant pour l'aboutissement de toutes choses.

L'homme n'a pas pour mission de s'autosatisfaire. Continuer à croire cela constitue non seulement un danger pour l'humanité, mais également un danger pour la vie elle-même.

Ce danger est aujourd'hui imminent.

Chaque particule vivante a une fonction. Il n'y a pas de hiérarchie dans l'importance de ces particules, contrairement à ce que pense l'homme : toutes ces fonctions sont également utiles et interdépendantes.

Écoutez bien ce qui suit, et méditez le :

Dieu n'est pas un homme. Jésus, son messager, n'était pas un humain, même s'il en avait pris l'apparence. Les nombreuses erreurs d'interprétation du message de Dieu proviennent de cette méprise. Comprendre cela, c'est trouver la clé qui vous permettra d'ouvrir la porte du nouvel Éden, où je vous attends. »

« *Question n° 5 : si votre message, ou devrais-je dire le message de votre société de production,* Online Entertainment, *est un message d'amour ou un message philosophique (on ne sait plus trop maintenant !), pourquoi faire payer vos connexions ? Nous sommes nombreux à penser qu'il s'agit là encore d'une gigantesque opération publicitaire, à but essentiellement lucratif...* »

« Réponse : Vous voyez que je n'élude aucune question. Sous de faux airs d'agressivité, celle-ci est intéressante.

Pourquoi choisir cette voie commerciale comme porte-voix ? Tout simplement pour utiliser au mieux les codes que vous connaissez, ceux avec lesquels vous avez été éduqués. Vous vivez dans une société d'information et de communication factice, qui masque une structure complexe de jeu commercial. Ceux qui tirent les ficelles, les 'hommes de la Cité', sont tous guidés par le business. Ils sont à la fois complices et victimes, le système mis au point par leurs pairs leur imposant de continuer ainsi. Les hommes influents : politiciens, chefs de grands groupes industriels, dirigeants de grands lobbies, partagent la même philosophie non dite, consistant à organiser la vie des autres pour qu'ils soient capables d'acheter en masse, pour leur seul profit.

Ils œuvrent tous pour faire vivre et fructifier ce système qui maintient les richesses dans leurs mains minoritaires et élitistes. Ils utilisent les structures commerciales créées à cet effet et leurs supports – télévision, grande distribution, organismes pseudo-publics – pour atteindre facilement la population ainsi exploitée. Cette dernière sait pertinemment qu'elle est le jouet de cette machination, mais elle ne peut rien y faire. En outre, chaque homme constituant ce marché-cible, caresse le secret espoir d'intégrer l'élite des nantis, et de profiter à son tour de ce système. Voyez vous- même : votre question signifie : 'Est-ce que je ne suis pas encore en train de me faire berner, pour des raisons commerciales ?' En temps normal, la réponse serait positive. Pour tout le reste, vous vous faites berner, je vous le confirme. Car vous vivez dans ce monde factice qui n'a d'autre objectif que de vous contraindre à cet état de collaboration passive et ignorante.

J'ai donc choisi une mise en scène qui corresponde à vos réflexes, pour mieux vous approcher. J'ai utilisé à leurs dépens les infrastructures déployées par ceux qui vous gouvernent et qui vous enferment, pour vous rencontrer et libérer votre esprit.

Je précise enfin, que les comptes bancaires des abonnés à *Ryben* n'ont pas été, et ne seront pas débités, ce qui devrait vous convaincre que mon propos n'est pas de nature vénale. »

Marie avait raison, pensa Juddy en parcourant la réponse, ce Vecler ne cherche pas l'argent, il est tout simplement cinglé.

« *Question n° 6 : Que va-t-il se passer maintenant ?* »

« Réponse : La suite dépendra de vous. Je ne puis qu'éveiller votre esprit, pas le diriger. Il vous faut comprendre avant d'agir. Je suis ici pour vous aider à comprendre, mais cet exercice est difficile. Il met en cause le fameux orgueil humain que vous avez peu à peu construit et érigé au rang de certitude absolue.

Rappelez-vous le message d'humilité de la parole de Dieu. Vous l'avez interprété comme la recherche d'une humilité individuelle. Tel n'était pas son propos. L'individu n'a aucune importance ; ce qui compte, c'est l'ensemble. Jésus voulait parler d'une humilité collective pour l'espèce humaine : qu'elle œuvre en paix, pour parvenir à ce que nous appellerons la Transition.

Aujourd'hui, nous ne sommes pas éloignés de cette étape majeure. Mais vous pourriez passer à côté, sans vous en rendre compte, car vous détournez à votre profit, au profit de l'homme, le résultat d'un travail qui ne vous est pas destiné.

Votre évolution, vos recherches, vos découvertes ont un sens, mais celui-ci vous échappe parce qu'il est macroscopique par rapport à votre condition.

Vous aviez pourtant analysé et compris le cycle de la vie. Constatant l'existence de cette chaîne de la vie, où chaque maillon a une importance – la végétation pour l'oxygène, les mers pour le climat, les espèces vivantes pour travailler à la construction d'un édifice global –, pourquoi n'avez-vous pas appliqué ce principe à l'espèce humaine ? Pourquoi constituerait-elle une exception ? Pourquoi n'avoir pas pensé qu'il y avait un autre maillon après l'homme ?

Vous avez conclu que cette chaîne de la vie était au service de la vie de l'homme, que tout était là pour vous, à votre disposition, et que vous n'aviez plus qu'à organiser son service, à votre profit exclusif.

Vous vous êtes trompés. »

« *Question n° 7 : Si vous dites vrai, alors pouvons-nous comprendre à quoi nous servons ?* »

« Réponse : Malheureusement, je crains fort que non. Pas plus que les arbres ne le peuvent. J'ajouterai même que votre « pseudoconscience » de la vie est un handicap. Ce que vous pouvez comprendre en revanche, c'est que vous servez à quelque chose. Vous avez un rôle à jouer, un rôle collectif.

Vous devez comprendre que vous ne constituez pas le dernier maillon. En persistant dans votre aveuglement actuel, vous pourriez briser la chaîne et nous devrions alors nous passer de vous, et recommencer. Car c'est ainsi que nous procédons avec les éléments défaillants.

Mais nous n'en sommes pas là. Vous avez encore la possibilité de vous sauver par vous-mêmes, de trouver la voie de la rédemption.

J'ajoute qu'il y a urgence. Vos travaux sont sur le point d'aboutir. Le contact que nous avons pu établir ici en est une illustration. »

« *Question n° 8 : Votre nouvel Éden a-t-il quelque chose à voir avec le Paradis ?* »

« Réponse : Oui, assurément. Toutefois, la notion de paradis telle qu'elle a été interprétée par les hommes s'avère là encore incomplète : l'homme l'a restreint à sa propre condition et considère qu'il s'agit d'une fin.

Le nouvel Éden constitue l'aboutissement d'une étape et le début d'une autre. Il ne s'agit pas d'une fin en soi. La phase de Transition permet ce passage. Pour passer dans le nouvel Éden, vous devrez tous emprunter le passage. Je vous expliquerai comment lors de notre prochaine rencontre.

Pour cela, il vous faudra vous organiser. Chaque famille devra être réunie et connectée au site de *Ryben*. Que ceux qui ne disposent pas d'un micro se rendent chez des amis. Plus nombreux vous serez, mieux ce sera.

Je vous donne rendez-vous dans un mois. Soyez présents, je vous en prie. ».

La connexion se referma d'elle-même. Juddy saisit son téléphone et appela John Leederman, qui lui avait laissé sa carte.

— John, c'est moi, Juddy Desmith.

— Ah ! Bonjour Juddy ! Alors, vous avez vu ça ?

— Oui, complètement givré, ce Vecler !

— Je ne sais pas… C'est tout de même incroyable !

— Oui, incroyable. Mais ce qui me préoccupe actuellement, c'est de retrouver Marie.

— Elle n'est pas réapparue ?

— Non. Je l'ai cherchée vainement. Je vais aller au commissariat déclarer sa disparition.

— Ça me semble sage en effet. Que puis-je faire pour vous aider ?

— Rien pour le moment, mais j'appelais pour vous poser une question.

— Allez-y !

— La pièce dans laquelle la scène est filmée, n'est-ce pas la même que votre salle de t'chat ?

— C'est sa fidèle reproduction en effet ! Vous êtes très observateur !

— Il paraît, oui… John, pourriez-vous me rappeler si vous avez des nouvelles de Vecler ?

— Bien entendu, Juddy, et ne vous inquiétez pas trop pour Marie, vous la retrouverez, je le sens !

— Merci John. J'espère que vous dites vrai !

Dès le lendemain matin, Juddy se rendit au commissariat. L'inspecteur qui le reçut consigna sa déposition dans un formulaire ad hoc, directement saisi sur l'intranet de la police de New York, relié à la police fédérale et au FBI. On assura à Juddy qu'une enquête serait diligentée dès que les autorités auraient statué pour déterminer de quelle juridiction elle dépendait.

Lorsque Juddy ressortit du commissariat, l'air était vif et plaisant, comme souvent à la fin de l'hiver, juste avant que le printemps ne s'installe. La lumière, très claire et douce en même temps, faisait scintiller toutes les surfaces vitrées et chromées, des calandres de voitures aux vitres des buildings.

Juddy aspira une grande bouffée de cet air léger et lumineux, en fermant les yeux.

Mon Dieu, que la Terre est belle ! pensa-t-il, puis il songea à Marie.

ÉPISODE 9

« Ne cherchez pas autre chose que ce qui est dit ! »

Juddy passa les trois jours qui suivirent cloîtré dans son appartement. À l'extérieur, l'agitation causée par le t'chat spectaculaire de Ryben l'importunait.

Le monde était en proie à une vive émotion. Des manifestations publiques spontanées commençaient à éclore dans les grandes capitales. Le nom de Ryben, le nouveau messager de Dieu, fleurissait sur les pancartes de tous les rassemblements. Les chrétiens, parfois épaulés par des représentants d'autres confessions, organisaient partout des contre-manifestations et criaient au loup. Certains voyaient en Ryben la main de Lucifer.

Seul le Dalaï-Lama, lors d'une conférence de presse, ne se déclara pas hostile à Ryben.

« Ne cherchez pas autre chose que ce qui est dit, avait-il déclaré, peu nous importe la représentation et le personnage. Comme il l'a expliqué lui-même, il s'agit d'une symbolique, d'une métaphore animée. Que nous apprend-on ? Que les religieux sont intolérants ? Que le monde est gouverné par l'argent et le commerce ? Que la population est l'esclave consentante d'un système qui l'exploite ? Que l'homme, par son inconséquence et son orgueil, court à sa perte ?

Bref, toutes choses que nous savions déjà.

Que nous suggère-t-on ? Que l'espèce humaine ne constitue pas l'aboutissement de la vie et qu'elle participe, au même titre que les autres, d'une évolution générale ?

Nous partageons ce point de vue.

Aussi, nous ne voyons aucune raison de nous offusquer de cette curieuse intervention, et en attendons la suite, avec un grand intérêt. »

Les commentaires du Dalaï-Lama firent grand bruit. Saisissant l'occasion d'apporter du nouveau dans leurs commentaires, certains journaux titrèrent : « Ryben est-il bouddhiste ? » et paraphrasèrent l'argumentation du sage pour justifier leur questionnement.

Juddy était désormais convaincu que Marie avait raison depuis le début. Il tentait d'analyser objectivement la situation pour mieux la comprendre. Plus il réfléchissait, plus se dessinait un scénario étrange, avec pour acteur principal Vecler, et non Ryben.

« Vecler a disparu, sans doute en même temps que Marie. Aujourd'hui, il représente pour certains l'homme à abattre, pour d'autres, l'homme à trouver.

Les hommes de l'Église, dont il a volontairement stigmatisé l'animosité par ses propos ravageurs, ont mis sa tête à prix.

Les 'hommes de la Cité', c'est-à-dire la nomenklatura au pouvoir, n'accepteront pas plus longtemps d'être ainsi pointés d'un index accusateur. Les allégations de Ryben, marionnette de Bryan Vecler, ont touché l'opinion publique. Une première réaction de leur part s'est matérialisée par la suspension du titre de *Online Entertainment* à Wall Street. Le risque de fluctuation trop importante de cette action, dit-on, pourrait entraîner de gros effets secondaires sur la bonne santé boursière, et ça, c'est sacré. Les analystes financiers s'interrogent en outre sur la validité du modèle économique de *Online Entertainment*, Ryben ayant déclaré que les abonnements ne seraient pas débités. Cette information n'a été, pour l'instant, ni confirmée ni infirmée par Bryan Vecler, président du Directoire de cette société.

Enfin, les hommes de l'Actualité, les médias, le cherchent pour l'interroger et alimenter des chroniques qui commencent à être répétitives. Les experts en nouvelles technologies, les pasteurs et les curés, les philosophes reconnus – c'est-à-dire ceux qui savent s'exprimer sur un plateau de télévision – ont tous donné leur avis sur la question.

Finalement, Vecler a parfaitement réussi à mettre en place pour lui-même le scénario du jeu, dans la vie réelle. »

Le téléphone sonna. Juddy, espérant sans cesse que Marie allait appeler, courut répondre. C'était Leederman.

— Bonjour, Juddy, c'est John, il faut que je vous parle.

— Bonjour, John, du nouveau ?

— Oui, si on veut. Deux hommes du FBI sont venus me voir ce matin, suite à votre déclaration, je présume. Ils sont chargés de l'enquête.

— Eh bien, ils n'ont pas perdu de temps !

— Non, mais ce n'est pas tout. Ils disent être sur le coup depuis quelque temps, ils enquêtaient déjà sur le dossier Vecler. Ils pensent que la disparition de Marie a un lien avec son rôle dans le cadre de la diffusion de *Ryben*.

— Je le pense aussi…

— Ils ont épluché les enregistrements des surveillances vidéo de *New World Net*.

— Et ils ont appris quelque chose ?

— Oui : Marie est venue ici la nuit précédant sa disparition.

— Je le sentais… et ?

— Et elle n'est jamais ressortie. Elle est arrivée vers minuit, elle n'est repartie ni par l'entrée principale, ni par le parking, les deux seules issues du bâtiment.

— Quelqu'un d'autre est-il venu cette nuit-là ? Vecler ?

— Non, personne. Vecler n'avait pas les codes d'accès, de toute manière. Ils vont vous interroger. Je veux dire, les hommes du FBI vont vous interroger.

— J'espère bien !

— Allez, je vous laisse, j'ai une interview télévisée tout à l'heure, ça n'arrête pas !

— Bon courage, John. Encore merci de votre appel.

Ceci confirme ce que j'étais en train de me dire, pensa Juddy. Désormais, la cible, c'est Vecler… Pourvu que le FBI le débusque ! Lui seul sait ce qui est arrivé à Marie. La salle de t'chat ! Elle constitue le dernier lien entre Marie et Vecler ! Elle avait dû lui fournir des infos pour qu'il puisse l'utiliser dans le jeu. Il faut fouiller de ce côté-là.

Écoutant les précédents conseils de Marie, Juddy avait enregistré l'émission. Il la repassa, la disséqua, la coupa, la colla, la clona. Il passa au ralenti certains passages, comme Vecler l'avait invité à le faire la dernière fois, pour trouver les images supplémentaires. Cette fois-ci, il n'y en avait pas. En y regardant bien, seul Ryben semblait « ajouté » dans le décor, le reste était réellement filmé. Juddy s'attarda, image par image, sur le double salto arrière de Ryben. Cette acrobatie constituait en effet le plus grand mouvement de caméra de toute la scène, et on pouvait distinguer un maximum de détails de la pièce. Soudain, Juddy stoppa le défilement. On distinguait nettement une pendule ovale, aux aiguilles bleues fluorescentes, accrochée au mur. Elle était présente sur 2 images, de part et d'autre du passage de la tête de Ryben lors du saut. Elle affichait 04 h 04.

« La pendule affiche 4 heures alors que l'émission a eu lieu entre 22 heures et 23 heures », déclara Juddy à voix haute. Puis il ajouta en souriant : « Ça, c'est du direct ! ».

* * *

Le lendemain de cette découverte, tous les regards se braquèrent à nouveau sur la première de couverture d'une édition spéciale du

New York Times. Il titrait en pleine page :

« NOUVELLES RÉVÉLATIONS SUR 'L'AFFAIRE *RYBEN*' LA PREUVE QUE L'ÉMISSION N'ÉTAIT PAS EN DIRECT ! »

Le corps de l'article disséquait la découverte de Juddy.

Tel un orchestre dont les musiciens auraient subitement retrouvé leurs partitions, l'ensemble des médias reprit en chœur l'information, et comme toujours en pareil cas, l'extrapola, l'édulcora ; bref, la transforma.

La thèse de la machination et de la tromperie ne faisait plus aucun doute.

Il ne sembla utile à personne de relever certaines interrogations essentielles de l'article de Juddy Desmith. Celui-ci n'affirmait pas, en effet, que cet indice constituait une véritable preuve de la supercherie. On avait pu constater par le passé, expliquait-il, que le jeu était constitué d'un assemblage de composants élémentaires. La salle de t'chat, et sa pendule, pouvaient être des composants utilisés comme décor, donc enregistrés préalablement sur un plan unitaire. Cela ne prouvait pas que l'assemblage final n'était pas réalisé en direct.

L'émission de télévision pseudo-scientifique, *New Technologies Applications* (NTA pour les initiés), apporta le coup de grâce à la thèse du direct. Les animateurs scientifiques de NTA, dont la vocation était de réaliser des expériences spectaculaires en matière de nouvelles technologies, parvinrent à reconstituer l'équivalent de la scène de récursivité qui avait tant marqué les esprits. Pour les besoins de la démonstration, ils avaient développé un site web intégrant une vidéo en streaming (technologie de flux vidéo en continu) qui présentait l'animateur filmé. Lorsque celui-ci se connecta sur le site expérimental tout en étant filmé, comme Ryben l'avait fait, le phénomène de récursivité se produisit à nouveau, montrant l'animateur « en cascade ».

Ménageant le suspense, l'animateur avoua à la fin de l'émission que cette expérience avait été réalisée la veille, et qu'ils venaient de la repasser en différé. Personne n'avait pu le remarquer.

Ainsi s'acheva la belle histoire de Ryben, messager d'un nouvel Éden imaginaire.

ÉPISODE 10

« Vous allez comprendre, je ne me fais pas de soucis pour vos capacités intellectuelles ! »

Comme un bonhomme de neige subsiste quelques jours après la tempête, Vecler apparaissait encore en première page du *Times*, grâce à un trucage photo, tranquillement allongé à l'ombre d'un cocotier, une main tenant un cocktail tropical, l'autre posée sur la croupe d'une charmante vahiné.

Nul n'ignorait plus aujourd'hui que les montants des abonnements avaient été intégralement débités, puis virés sur un compte secret, dans un paradis fiscal. La société *Online Entertainment* avait fermé ses portes, Vecler avait disparu de la circulation.

À la panique médiatique qui avait entouré l'événement se substituait maintenant une admiration généralisée, plus sécurisante. Partout, « le coup du siècle » était détaillé par le menu. Chapeau bas ! On était prié d'admirer l'artiste.

Luc Besson, petit génie français du film à grand spectacle, déclarait avoir acheté l'exclusivité des droits de cette histoire, pour en faire son prochain film. Acheté à qui ? Peu importait, on attendait avec impatience la sortie du *Grand bluff*, promise pour le prochain Noël.

Nous étions rassurés. Nous pouvions tranquillement poursuivre notre petit bonhomme de chemin, ou notre chemin de petits bonshommes. Continuer à croire en un Dieu humain et au Père Noël.

...uer à exploiter les angoisses de nos enfants pour Halloween. Continuer à massacrer avec la régularité d'un métronome des centaines de milliers d'animaux tous les jours. Continuer à les faire pousser comme des champignons, dans des espaces suffisants pour qu'ils grossissent mais insuffisants pour qu'ils puissent se déplacer. Continuer à leur injecter des substances organiques et chimiques, incompatibles avec leur nature, mais parfaitement indiquées pour multiplier leur poids, accélérer leur croissance et augmenter leur valeur marchande.

Les usines pouvaient continuer à déverser leurs déchets toxiques dans l'atmosphère, rejoignant les déjections délétères de millions de véhicules polluants. Et vive le moteur à explosion ! Une bien belle invention en vérité...

Quelques verts, dans tous les gouvernements – histoire de bien montrer que la question environnementale était loin d'être écartée des grandes considérations –, quelques colloques internationaux portant sur les véritables effets de l'effet de serre et sur la question brûlante du réchauffement de la planète, et quelques bons débats télévisés sur « mais qu'est-ce qu'il y a dans nos assiettes ? » pouvaient continuer à agiter opportunément nos consciences préoccupées.

Bref, la vie humaine reprenait ses droits.

Et Marie dans tout ça ? Marie, mon amour, ma vie. Marie, que t'est-il arrivé ? Tu me manques, Marie. Je hais cette vie sans toi. Je ne pourrai pas la supporter. Tu ne peux pas disparaître comme ça, et ne plus revenir. Tu ne peux pas me faire ça ! Donne-moi de tes nouvelles, je t'en prie ! Dis-moi que tu es vivante, que tu t'es enfuie loin de nous, loin de moi, retrouver ton pays natal et tes racines ; mais dis-moi que tu vis ! Marie ! Marie !

Juddy pleurait comme un bébé, hurlant le prénom de son amour perdu aux murs de son appartement qui restaient sourds et muets. Curieusement pourtant, il perçut des battements sourds agiter les cloisons. Il tendit l'oreille, et entendit cette fois distinctement de grands coups, portés sur la porte de son appartement. Juddy essuya son visage baigné de larmes et de morve, prit sa respiration pour renifler un grand coup, déglutit, et alla ouvrir la porte en traînant les savates.

— Encore dix secondes et on défonçait la porte, fils ! fit l'un des deux hommes en s'introduisant dans son appartement.

Ils étaient tous deux vêtus de noir, portaient la même cravate rouge ; on aurait dit des jumeaux. Mais l'un était grand et maigre, l'autre petit et trapu.

— Vous désirez ? demanda Juddy.

— FBI ! déclara le plus grand des deux en lui brandissant une carte plastifiée sous le nez.

Les deux hommes en noir examinaient l'appartement, l'air dégoûtés.

— Ben dis-donc, c'est Hiroshima ici ! lança le plus petit en donnant un coup de coude à son acolyte.

Ce bon mot sembla suffire à déclencher leur hilarité.

— Que puis-je faire pour vous ? insista Juddy.

— On va te le dire, ma poule. Mais pas ici. On t'embarque. Va te laver, t'habiller, te brosser les dents, et faire caca ! Après, on y va.

Cette injonction ce termina par un nouveau fou rire des deux agents très spéciaux.

Je sais pas ce qu'ils ont pris mais ça a l'air de leur faire effet ! pensa Juddy.

— Vous avez des nouvelles de Marie Curtis ?

— Si on a des nouvelles ? Tu verras bien là-bas. Allez, dépêche-toi, on n'a pas que ça à faire !

Quelques minutes plus tard, lavé et rasé, Juddy se retrouva dans la Mercedes noire des deux agents. Ils se garèrent à proximité de Central Park, puis pénétrèrent dans l'un des grands immeubles adjacents, du côté des beaux quartiers. Ils empruntèrent un ascenseur pour rejoindre le 6e étage. Les deux hommes continuaient à étouffer des rires, pareils à deux adolescents au fond de la classe d'un cours de philosophie. Juddy les trouvait fort désagréables. Le plus petit composa le numéro du code d'accès d'un appartement au fond du couloir et poussa de l'épaule la porte blindée qui obtempéra sans grincer. L'appartement était immense. Les deux *men in black* accompagnèrent Juddy jusqu'à une nouvelle porte blindée, à mi-chemin du couloir de l'appartement, l'ouvrirent, puis le poussèrent violemment à l'intérieur. Juddy entendit la porte se fermer brutalement derrière lui.

— Mais qu'est-ce que ça veut dire, que faites vous ? cria-t-il.

— On t'enferme, fils, tu vois ! On repassera plus tard. Et ne fais pas de bêtises avec ton zizi en attendant !

Juddy entendit les deux hommes s'éloigner en s'esclaffant.

Il se retourna pour observer rapidement les lieux. Il connaissait cette pièce, il l'avait vue récemment. Oui ! Il s'agissait du bureau qu'il avait visité dans un épisode de *Ryben*, là où il avait découvert le premier chapitre du *Manifeste*, après la visite de New York. Bien que la pièce fût identique, il ne trouva pas de mécanisme sur le bureau ovale, similaire à celui qui avait actionné l'apparition de l'ordinateur. Au fond de la pièce, la bibliothèque était remplie de livres variés, en lieu et place de la collection uniforme des *Manifeste*s vierges du jeu. Juddy s'approcha pour les observer. Il s'agissait essentiellement d'ouvrages scientifiques de physique, mathématique, informatique…

Il fouilla le contenu des tiroirs du bureau, en retira des pochettes multicolores, poussiéreuses. Elles renfermaient des notes manuscrites et des schémas en tout genre. Juddy s'attarda sur une pochette rose. Elle contenait des plans explicites d'un personnage à l'apparence humaine. Sur la couverture de la pochette était griffonné : « RYBAN, esquisses ».

Tiens, tiens, se dit Juddy, ça commence à être intéressant. Mais ça ne me dit pas comment sortir d'ici. Il chercha en vain une autre issue, entrebâilla le store vénitien de la seule fenêtre de la pièce, derrière le bureau. Elle donnait directement dans le vide. Inutile de penser à sauter six étages ! Juddy poursuivit donc l'inspection des documents. Au bout d'un bon quart d'heure, il trouva une petite clé au fond de l'un des tiroirs, semblable à une clé d'attaché-case. Il chercha dans la pièce pour voir si elle correspondait à quelque chose, trouva finalement un grand livre en cuir pourvu d'une serrure. La petite clé permettait effectivement d'ouvrir le livre. Une fois la carapace de cuir ôtée, la couverture du livre indiquait :

« *MANIFESTE* DE DAVID BRAYN PORTANT SUR LA MISE EN ÉVIDENCE D'UNE AUTRE DIMENSION »

« Encore un *Manifeste* ! » dit Juddy à voix basse. Il le parcourut rapidement. L'écriture était manuscrite mais très régulière : il ne s'agissait pas d'un brouillon.

Juddy prit le parti de s'asseoir confortablement dans le grand fauteuil de cuir noir, étendit ses jambes sur le bord du bureau, sortit une pipe de la poche extérieure de sa veste en daim, l'alluma, tira quelques bouffées pour bien la faire partir, rejeta de grosses volutes de fumée bleutées et argentées qui vinrent danser au-dessus de sa tête, dessinant des formes imaginaires, éclairées par endroits en fonction des filets de lumière ventilés par le store à moitié ouvert, puis commença sa lecture :

« 12 janvier 2002, New York.

Je m'appelle David Brayn. Je suis un vieil homme de 73 ans, qui touche au but. Je lègue ce Manifeste *à l'humanité : il retracera mes travaux pour la postérité, car je ne pourrai plus le faire moi-même.*

... »

Juddy termina de lire la lettre d'introduction puis passa directement à la dernière page du manifeste.

« 13 janvier 2003, New York.

Tout est prêt : je vais pouvoir faire le grand saut. Si tout se passe comme prévu, je vais permettre aux différentes dimensions de se rencontrer, dont la dimension physique et spatiale que je représente. Cette fois-ci, je vais pouvoir pénétrer dans cet espace, plutôt que de le visiter à distance. Quelle excitation ! Quel moment historique ! Pour l'immortaliser, j'ai pris soin de filmer l'événement. Une caméra numérique est pointée sur mon siège, elle enregistrera tout ce qui se passera lorsque mon énergie empruntera le 'passage'. L'enregistrement vidéo sera stocké en temps réel sur mon serveur.

Pour y accéder, vous trouverez ci-contre les adresses de mes répertoires ainsi que les différents mots de passe.

Je vous quitte. Un voyage éclair m'attend. Je vais enfin investir une dimension extraterrestre.

Adieu.

David Brayn ».

Il se sent plus pépère ! pensa Juddy, puis il reposa l'ouvrage.

« Nous voilà bien avancés ! s'exclama Juddy. Cet apprenti sorcier a disparu lui aussi, et la dernière page expliquant où se trouve la vidéo également. Je pressens que toute preuve a été effacée de toute façon.

Que faire maintenant ? »

Juddy était prisonnier dans cette pièce, surveillé par deux faux flics dérangés, contraint de lire l'intégrale des travaux d'un savant fou pour s'occuper. Un passage du *Manifeste* retint son attention, car il abordait un sujet que Ryben, lors de ses interventions, avait mis en lumière.

« 16 juin 2002, New York.

Décidément, l'espace virtuel réserve bien des surprises ! Ainsi la notion d'infini y est-elle différente de la nôtre. Pour nous, pauvres matérialistes, l'infini signifie l'éloignement absolu, tant en terme d'espace que de temps, parce que ces paramètres sont omniprésents dans notre référentiel physique. Dans la dimension virtuelle, je peux toucher l'infini, tout au moins l'appréhender, sans aucun effort d'abstraction, puisque tout est abstrait ici. J'ai pu visiter plusieurs lieux simultanément, comme s'ils étaient parallèles et non distants.

Plus intéressant encore, je crois bien avoir fait des rencontres : plusieurs fois, je n'étais pas seul. Mais je ne pouvais entrer en communication, en tant que visiteur anonyme, en l'absence de connexion.

Était-ce des extraterrestres, ou devrais-je dire des extraspatiaux ? Sans doute. En tout cas, ils ne venaient pas du même endroit que moi, sinon nous nous serions vus dès le début.

En fait, les espaces virtuels offerts par notre plate-forme pourraient également constituer un lieu de rencontre, un point de convergence leur permettant également de s'y accrocher. Vivement que j'aille voir ça en personne ! »

« Je sais pas ce qu'il nous a fait, le vieux, mais j'ai bien l'impression qu'il a été dépassé par les événements ! »

Juddy se retourna en entendant le mécanisme de la porte blindée se déclencher. Les deux compères entrèrent dans la pièce.

— Allez, mon grand, on va voir le boss, il t'attend !

— Vecler ?

— Bingo ! Allez, amène ta viande, grand steak !

Juddy emboîta le pas des deux allumés, encore une fois hilares. Ils entrèrent dans une pièce sombre, dont le mur affichait un écran blanc, comme une salle de cinéma. Vecler était installé à l'opposé de l'écran, près d'une table basse entourée de larges fauteuils 'crapaud'. Il fumait un énorme cigare.

— Délicieux, ces gros cigares ! Vraiment ! Je vous en offre un, monsieur Desmith ?

— Merci, non, je préfère ma pipe.

— C'est vrai, j'ai remarqué ça. Vous me ferez goûter ?

— Si vous êtes sage.

— Oh, je vois que vous n'avez pas perdu votre humour si vous avez perdu votre amour !

— Où est-elle ?

— Je vais vous l'expliquer. J'espère que vous ne vous êtes pas trop ennuyé dans ce bureau ? J'avais quelques petites choses à mettre au point avant de vous recevoir.

— Vous feriez bien de me dire où se trouve Marie Curtis et de retourner d'où vous venez, toute la police de New York est à vos trousses…

— Brr ! Vous me glacez le sang. Mais si j'étais vous, je ne menacerais pas. Vous n'êtes pas en position de me donner des conseils, monsieur le journaliste découvreur d'indices !

— C'était votre idée, je vous le rappelle !

— C'est vrai, convint Vecler avec ironie, mais je ne crois pas vous avoir suggéré le dernier indice. J'avoue que le truc de l'horloge était bien trouvé. Le seul petit problème, dit-il en soufflant un nuage de fumée, c'est qu'avec cette initiative, vous avez failli tout faire capoter. Vous mériteriez que je vous supprime, pour une connerie pareille ! Mais j'ai eu une meilleure idée, qui, j'en suis convaincu, obtiendra votre adhésion : vous allez réparer votre bêtise.

— Je ne comprends rien à ce que vous dites…

— Vous allez comprendre, je ne me fais pas de soucis pour vos capacités intellectuelles, elles sont au-dessus de la moyenne de vos congénères. C'est pour ça que je vous ai choisi, d'ailleurs. Mais avant tout, allons dire un petit bonjour à votre amie, la délicieuse Marie Curtis.

Vecler écrasa son cigare, se redressa sur son siège, saisit une télécommande, puis ajouta : « Bienvenue à bord ! Prenez place, je vous en prie. »

Juddy s'enfonça dans un fauteuil face à Vecler, autour de la petite table. Vecler appuya sur un bouton de la télécommande. L'intérieur de la table coulissa, laissant place à un micro-ordinateur, qui montait lentement, comme dans l'épisode de *Ryben.*

— Vous avez déjà vu ça quelque part, non ? Allez, on va faire un tour…

Vecler frappa sur son clavier avec la dextérité d'une dactylo diplômée. La vidéo projection se mit en marche, faisant apparaître sur le mur l'un des paysages de *Ryben.* Juddy reconnut la vallée qui précédait l'arrivée au château. Au premier plan se dressait une silhouette féminine, de dos. Elle avait des cheveux courts, coupés en brosse, très roux et portait une combinaison en latex rouge, très moulante.

— Vous la reconnaissez, je suppose ? demanda Vecler innocemment. Non ? Attendez, je vais changer d'angle de vue.

Il appuya sur une touche qui offrait une vue de face. Oui, il s'agissait bien de Laetitia ! Elle était parfaitement reconnaissable, bien que ses traits soient dessinés grossièrement, comme dans les jeux vidéo.

— C'est incroyable ! s'exclama Juddy.

— Oui, c'est bien elle ! Alors, ça fait quel effet de faire l'amour à une superhéroïne virtuelle ? Non, ne répondez pas, j'ai pu constater que vous avez pris beaucoup de plaisir tous les deux. Bien, elle va nous emmener au château. Voyez-vous, elle ne peut se mouvoir sans les ordres de mon joystick, et nous, nous ne pouvons nous déplacer sans elle. Elle va nous servir de moyen de locomotion en quelque sorte.

Vecler ponctua sa phrase en manipulant le joystick. La Laetitia virtuelle se mit à courir avec ce mouvement caractéristique des personnages de jeu vidéo : un peu saccadé et moins sensible à la pesanteur. Elle rejoignit rapidement le château, au bout de la vallée. Vecler lui fit ouvrir le pont-levis en un tour de main, et la dirigea à l'intérieur de la cour, en direction de la plus haute des quatre tours. Il lui fit escalader toutes les marches du donjon, jusqu'au dernier étage. Là, l'ouverture d'une porte était subordonnée à un code d'accès, que Vecler tapa directement sur son clavier. La porte s'ouvrit sur une grande salle ronde. Lorsque Laetitia avança, on distingua bientôt une grande cage au milieu de la pièce, semblable à la cage des fauves d'un cirque.

— Désolé, mais pour nous, vous êtes un peu des animaux, prévint Vecler.

Juddy sentait monter la nausée en lui, anticipant la suite. Laetitia avança jusqu'à la cage. Elle semblait inoccupée. Tout à coup, une forme bondit du fond obscur de la cage et vint s'agripper aux barreaux, en face de Laetitia. La bête sauvage hurlait. C'était Marie. Elle était nue, très sale, ses cheveux noirs détachés lui donnaient un air de lionne.

— Quel spécimen splendide ! commenta Vecler avec délectation.

— Vous êtes ignoble ! Laissez-la sortir !

— La laisser sortir ? Mais que ferait-elle, perdue, dans un monde imaginaire ? Vous n'y pensez pas !

Marie restait prostrée contre les barreaux.

— Vous allez voir, annonça Vecler, j'ai enregistré un petit texte que Laetitia va lui dire.

Laetitia se mit à parler, avec cette voix nasillarde que confère la compression numérique.

— Marie, n'ayez pas peur…

— Mais qu'est-ce que ça veut dire ? hurla Marie en larmes, qu'est-ce que je fais ici ? J'ai faim, j'ai froid, laissez-moi sortir, je vous en prie ! Je veux me réveiller, dit-elle d'une voix étranglée par les sanglots.

Les yeux de Juddy étaient embués de larmes. Que pouvait-il faire ?

— Marie, reprit Laetitia, vous êtes notre prisonnière. Mais n'ayez pas peur, nous ne vous ferons aucun mal. Vous êtes notre monnaie d'échange. Voyez-vous, votre ami, Juddy Desmith, a une mission à accomplir. Il vous voit en ce moment même, vous pouvez lui dire bonjour, il vous entend…

Marie redressa la tête. Elle regardait de tous côtés, l'air effrayée.

— Juddy ! Juddy ! cria-t-elle, je ne te vois pas ! Où es-tu, Juddy ? Fais-moi sortir de là, c'est horrible !

— Vous allez bientôt retrouver votre ami, Marie, dès qu'il aura accompli sa tâche avec succès.

— Juddy ! Tu m'entends ? Juddy, que te demandent-ils ? Fais attention à toi... Surtout, ne clique pas dans le cercle, c'est le passage qui m'a...

L'écran s'éteignit brusquement, Vecler venait d'interrompre la connexion.

— Incorrigible, cette petite Marie ! s'exclama-t-il.

Juddy n'en pouvait plus de haine. Il bondit sur Vecler, le plaqua au sol, et serra sa gorge de toutes ses forces entre ses grandes mains.

— Je vais vous tuer ! hurla-t-il.

— Alors, adieu Marie ! réussit à articuler Vecler.

— Dites-moi comment la faire revenir ! Dites-le moi ou je jure que je vous tue !

Juddy n'eut pas le loisir de mettre sa menace à exécution. Son crâne venait de rompre sous un coup violent. Il s'effondra sur Vecler qui le repoussa sur le côté. Avant de s'évanouir totalement, il vit les deux gardes du corps le regarder et entendit Vecler ordonner, d'une voix éraillée :

— Ramenez cet abruti au bureau !

* * *

Juddy reprit lentement ses esprits. Il était allongé à terre. Sa tête lui faisait un mal de chien. Il ressentait dans le crâne chacune de ses pulsations cardiaques comme autant de nouveaux coups. Le plafond dansait au-dessus de lui. Il perdit à nouveau conscience.

Il se réveilla bien plus tard, allongé sur le canapé du bureau. Une bassine d'eau et une éponge ensanglantée gisaient à côté du canapé. Il passa la main dans ses cheveux. Ils étaient humides et visqueux.

Au niveau de l'énorme bosse, vers l'occiput, du sang suintait encore.

« Ben, ils m'ont pas raté, les salauds ! » dit-il à voix haute. La douleur s'était un peu calmée. Du moins était-elle supportable.

Il se leva tant bien que mal et se dirigea vers le bureau. Il glissa le *Manifeste* de Brayn dans la poche intérieure de sa veste en daim marron. Il força un peu pour l'introduire, déchirant légèrement l'ouverture de la poche.

Il poursuivait ses recherches tout en s'interrogeant. Que pouvait bien lui vouloir Vecler ? L'aider ? Comment faire ? Un démenti de son dernier article ne suffirait pas à inverser le jugement de l'opinion publique. L'affaire était entendue, Juddy n'était pas de taille à récupérer quoi que ce soit.

Il ouvrit à nouveau la pochette contenant les esquisses du personnage de Ryban. Toutes les possibilités de déplacement que Brayn souhaitait donner étaient commentées. Juddy, devenu expert dans la manipulation du jeu, reconnut la plupart d'entre elles. Les esquisses étaient donc relativement fiables. Il fut interpellé par la fonction suivante :

« < CTRL > + < FIN > < FIN > : série de touches à répéter deux fois, active la commande d'autodestruction de Ryban. À n'utiliser qu'en cas d'extrême urgence. Cette fonction permet d'éliminer Ryban du monde virtuel en le désintégrant.

Nota bene : une telle action fait perdre la connexion avec le portail interdimensionnel : il faut repartir à zéro pour recommencer ».

Intéressant, se dit Juddy, mais cette fonction existe-t-elle vraiment, et comment l'utiliser ? Impossible en tout cas tant que Marie est là-bas.

La porte s'ouvrit brutalement. Les cow-boys de Vecler pénétrèrent dans la pièce.

— Alors Jud', pas trop sonné au moins ?

— Non, ça ira, répondit Juddy sèchement.

— Tu vas nous suivre sagement, le boss t'attend. Et plus de bêtises ou on te coupe les couilles !

Juddy suivit les deux comiques dans la salle de projection.

— Venez vous asseoir, je vous en prie, monsieur Desmith, nous avons du travail.

Le ton de la voix de Vecler était détendu, comme si rien ne s'était passé.

— Que me voulez-vous ? demanda Juddy.

— Je vais vous le dire, quand vous serez calmé et suffisamment attentif.

Juddy s'assit en face de Vecler. Ils restèrent silencieux quelques minutes. Les yeux de Vecler étaient totalement fixes. Qui était-il réellement ? Juddy l'observait d'un œil nouveau, le trouvant soudain franchement inhumain. En fait, ça sautait aux yeux. Il se remémora les premiers propos de Marie à son sujet, lorsqu'elle lui avait décrit sa séance de t'chat – « Il n'est pas franchement hypocrite... Non, je dirais plutôt anormal, atypique... ». C'est elle qui avait raison. Et personne n'a jugé bon de croire à l'improbable. On a tous joué son jeu, comme des petits soldats. Quels cons !

— J'ai dit que j'allais satisfaire votre curiosité naturelle, monsieur Desmith, inutile de vous tourmenter. Bien, quelle est la situation ? Votre amie, Marie Curtis, est prisonnière dans un monde qui n'est pas le sien. Je dois vous avouer qu'elle n'est pas la seule.

— Vous voulez dire qu'il y a d'autres humains là-bas ?

— Pas tout à fait. Ce que je veux dire, c'est que moi aussi, je suis prisonnier d'un monde qui n'est pas le mien.

Juddy ne fut pas surpris de cette révélation. Elle confirmait son pressentiment.

— D'où venez-vous ?

— D'autre part. D'une autre dimension. Vous avez lu le *Manifeste* de David Brayn, n'est-ce pas ? Alors, vous pouvez comprendre.

— Vous venez de ce monde virtuel ?

— Non, le monde virtuel créé par Brayn est simplement un vaisseau. Il a servi de point de rencontre. Ce qui empêchait précédemment les dimensions de se rencontrer, c'était l'espace physique. Le monde virtuel est un moyen de s'en détacher, c'est ce qu'avait compris le vieux Brayn.

— Comment êtes-vous arrivé ici ?

— C'est le résultat d'une erreur de calcul, ou d'appréciation. Brayn voulait investir notre dimension, en libérant son énergie lors du contact. En fait, c'est l'inverse qui s'est produit. Mon énergie a été aspirée.

— Par le biais de Ryban ?

— Pas tout à fait. Ryban constituait l'avatar numérique de Brayn, et lui fournissait un moyen de locomotion dans le monde virtuel. Lorsqu'il a établi le contact, Ryban pointait à la fois sur Brayn et sur l'autre dimension, comme un radar. Je m'y suis accroché et mon énergie a soudain été aspirée. Je me suis retrouvé dans le corps virtuel de Ryban. Ici, je suis sa représentation physique. Exactement l'inverse de Ryban pour Brayn.

— Et où est passé Brayn ?

— Je ne sais pas. Je ne l'ai jamais vu.

En journaliste averti, Juddy sentait bien que Vecler ne lui disait pas tout. Mais ce qu'il venait de lui expliquer avait un parfum de vérité.

— Vous dites que vous êtes prisonnier, vous ne pouvez pas repartir ?

— Non, pas plus loin que le monde virtuel de Ryban, que j'ai renommé Ryben pour les besoins du jeu. Je ne peux dépasser cette limite, sans une aide extérieure.

— Et vous comptez sur moi ?

— Oui, mais seul, vous ne pouvez rien faire. C'est là l'erreur de calcul de Brayn. Pour aller dans l'autre sens, il faut une énergie colossale. L'attraction terrestre, le poids de la matière sont tels qu'ils font office d'aimants énergétiques. Si on établit simplement le contact, c'est le contraire qui se produit, comme pour moi avec Brayn… euh… je veux dire avec Ryban…

Juddy avait remarqué le lapsus de Vecler mais ne le releva pas.

Il poursuivit son interrogatoire :

— Et comment comptez-vous fabriquer cette énergie colossale ?

— En faisant en sorte que 200 millions d'internautes soient connectés simultanément sur Ryben. D'après mes calculs, c'est le minimum requis.

— D'où cette mise en scène phénoménale !

— Effectivement. C'est le seul moyen que j'ai pu trouver, et j'y étais presque… Je suis sûr que lors de l'émission suivante, nous aurions atteint les 200 millions de connexions. Vous avez tout gâché avec votre ridicule histoire de pendule !

— Je suis désolé, telle n'était pas mon intention.

Autant jouer son jeu, pensait Juddy. Il poursuivit sur un ton amical :

— Mais je ne vois pas ce qu'on peut faire maintenant, le mal est fait. Si vous connaissiez mieux les hommes, vous sauriez que c'est peine perdue. Vous êtes grillé. Vous vous êtes fait prendre à votre propre piège. À vouloir attirer l'attention avec votre scénario de « Jesus on line », vous avez focalisé sur vous les haines au lieu de l'intérêt. Une sorte de réflexe d'auto-défense… c'est trop tard désormais…

— Je connais mieux les hommes que vous ne pouvez le supposer, monsieur Desmith. L'espèce humaine traîne un énorme boulet métaphysique, qui ne passe pas inaperçu. Elle a conscience d'exister, mais elle ne sait pas pourquoi. Cette question existentielle la poursuit comme son ombre. Pourquoi croyez-vous que les hommes s'accrochent à leurs cultes religieux, à leurs sectes, si ce n'est pour tenter de trouver des réponses qui dépassent leur entendement ? Ils ne demandent qu'à croire. Tout élément qui contribue à combler ce vide les attire comme le pollen attire l'abeille. Leur esprit a un besoin vital, bien qu'inconscient, de cette nourriture spirituelle, tout comme leur corps réclame sa ration de protéines et de glucides. C'est comme ça, vous n'y pouvez rien.

— Et quel est votre plan, maintenant ?

— Il nous faut rallumer l'étincelle de croyance dans leur esprit.

Ils n'ont pas totalement enterré Ryben, vous verrez.

— Vous avez trop d'ennemis aujourd'hui...

— C'est faux. J'ai pris soin de désigner mes ennemis du doigt, a priori. Ils ne constituent qu'une minorité, et le peuple sera très heureux de désobéir, s'il en a l'occasion. Je ne demande pas l'unanimité, seules 200 millions de connexions me suffisent, après tout !

— Comment comptez-vous vous y prendre ?

— C'est à vous qu'il faut poser la question, monsieur le journaliste d'investigation ! N'oubliez pas que vous êtes reconnu et apprécié comme expert dans cette histoire : ce que vous direz sera écouté.

— Vous n'y pensez pas ! Comment pourrais-je expliquer le contraire de ce que j'ai dit ?

— Parce que vous allez apporter des éléments nouveaux.

— Je n'y crois pas, mais admettons. Que se passera-t-il quand ils seront connectés ? Y a-t-il un risque pour eux ?

— Absolument pas ! C'est le flot numérique des connexions qui apporte l'énergie nécessaire, en la concentrant sur une cible unique. Cette cible, ce sera Ryben, donc moi. Elle me fournira assez de puissance pour me réexpédier d'où je viens.

— Et Marie ?

— Si vous remplissez votre mission convenablement, je la libérerai avant le contact final. Elle pourra suivre tout ça à vos côtés, dans vos bras. Je vous le jure. C'est vous qui avez les cartes en main, monsieur Desmith.

Juddy resta songeur un instant. En fait, il n'avait aucune carte, Vecler maîtrisait tout. Il lui fallait attendre une meilleure donne.

— C'est d'accord, marché conclu ! Puis il ajouta en tendant la main : Monsieur... Ryban, Ryben ?

— Appelez-moi Vecler, ça ira très bien. Deux points encore avant de vous expliquer votre mission. Le premier : inutile de vous promener avec le *Manifeste* de Brayn dans votre poche, il ne vous sera d'aucune utilité. Le deuxième : je vous fais confiance mais je préfère vous avoir à l'œil. Vous allez faire équipe…

— Vous n'allez pas me coller au cul vos deux énergumènes ? s'exclama Juddy en passant sa main sur la bosse de son crâne.

— Non, j'ai mieux pour vous. Une équipière dont vous semblez apprécier… la plastique !

Vecler tourna la tête vers le fond de la pièce. Juddy suivit son regard. Une silhouette sortit de l'ombre : Laetitia était revenue dans le monde réel.

ÉPISODE 11

« Je suis parfois surpris par votre clairvoyance ! »

— Où étais-tu passé ? On te cherche partout ! J'ai alerté la police, moi ! hurlait Charly à l'autre bout du fil.

— Je te l'ai dit, j'étais chez moi, et ensuite, je suis sorti pour enquêter sur la disparition de Marie.

— Depuis une semaine ?

— Oui, mais ce serait trop long à t'expliquer. Je t'appelle parce qu'il y a urgence, écoute-moi s'il te plaît.

— De quoi s'agit-il ?

— J'ai du nouveau sur Ryben. Il nous faut faire paraître un communiqué. C'est de la bombe !

— Too late, Juddy ! Ce n'est pas à toi que je vais apprendre le métier.

— Je t'assure, ça vaut vraiment le coup.

— Juddy, cette histoire est terminée, finito ! Circulez, y a plus rien à voir ! L'attention du public a changé de focus.

— Je me fous de ce marketing médiatique à la con, Charly ! J'ai de quoi les intéresser à nouveau, je te le promets !

— Juddy, on ne peut pas faire ça. Raviver un tel sujet sans une info béton, c'est faire prendre un risque énorme au journal. Et ça, c'est mon boulot de l'éviter !

— O.K., Charly. Je t'envoie le communiqué par mail, et tu jugeras par toi-même. C'est toi qui décideras de la suite à donner.

— J'espère bien ! Sinon, quoi de neuf, des nouvelles de Marie ?

— Non… non, rien du tout. Elle a dû vouloir changer d'air, après tout.

— Tu crois qu'elle serait retournée en France ?

— En France ou ailleurs, je ne sais pas…

Charly raccrocha le téléphone. Il trouvait l'attitude de Juddy curieuse. Son entêtement dans « l'affaire *Ryben* », son propos désabusé vis-à-vis de Marie, tout cela ne lui ressemblait pas. Peut-être un contrecoup du choc émotionnel, après tout…

Charly ouvrit sa messagerie, le message de Juddy était arrivé :

« Chers amis de Ryben,

Contrairement à ce qui a été rapporté dans les médias, je ne me suis pas enfui. J'avais simplement anticipé les réactions de ceux que je savais devoir déranger, et je me suis mis à l'abri.

Je reprends contact avec vous, aujourd'hui, par l'intermédiaire de ce journal avec lequel j'entretiens une relation privilégiée, parce qu'il a su rester objectif, en toutes circonstances. En dernier lieu, le journaliste Juddy Desmith, qui avait dans le passé découvert des indices majeurs du jeu, a attiré votre attention sur la présence de la fameuse pendule accrochée au mur du décor de l'émission de Ryben.

Comme les précédents, cet indice avait une signification. Croyez-vous que cette information devait servir de preuve tangible d'une supercherie, comme cela a été immédiatement interprété ? Ne pensez-vous pas que si machination il y a eu, c'est plus du côté de l'orchestration médiatique de l'enterrement de Ryben qu'il faut chercher ? Les mises en cause, trop claires dans le message de Ryben, des dysfonctionnements de notre société et de leurs autorités principales pouvaient-elles rester impunies ? N'avons-nous pas assisté à un tir croisé des autorités, des représentants religieux, des marchés financiers et de leurs vecteurs médiatiques, dirigé contre Ryben ?

Après avoir vu la qualité des précédents épisodes de *Ryben*, pensez-vous qu'une erreur aussi grossière aurait pu se glisser dans le montage de cette émission ?

Non. Il ne s'agissait pas d'une erreur, mais d'un simple test. Et les résultats furent saisissants.

Je souhaite, en premier lieu, revenir sur les arguments techniques qui alimentèrent ces conclusions hâtives.

La pendule de la salle de t'chat de Ryben marquait effectivement 04 h 04. Cependant, si la recherche de la vérité avait été complète, les observateurs éclairés qui reprirent l'information auraient pu remarquer que la pendule n'apparaissait pas une seule fois dans le cadre de l'émission : en fait, elle apparaît à deux reprises. Souvenez-vous que c'est lors du saut périlleux associé au changement de siège de Ryben qu'on peut la découvrir, en arrière-plan. Souvenez-vous aussi que Ryben réalise un saut périlleux inverse lorsqu'il regagne sa place initiale. Pourquoi n'avoir pas pensé à ausculter également le décor de ce deuxième saut ? Car la pendule n'a pas changé d'emplacement… et elle n'a pas changé d'heure non plus, alors que dix-huit minutes se sont écoulées entre les deux sauts… Cette constatation aurait dû convaincre les commentateurs que l'horloge figurait bien là en tant qu'élément de décor, inactif, et non en tant qu'élément de direct.

L'expérience livrée par les « experts en nouvelles technologies » de l'émission NTA est à remiser au rayon des démonstrations superficielles et insuffisantes. Diffuser en différé l'expérimentation du phénomène de récursivité ne prouve pas qu'il l'ait été lors de l'émission de *Ryben*. Si NTA avait voulu pousser plus avant l'expérience, pour aller jusqu'au bout de la reconstitution de l'émission, elle aurait demandé aux téléspectateurs de bien vouloir se connecter au site contenant la vidéo. Car telles étaient les conditions des internautes connectés en direct au site de Ryben. En effet, les téléspectateurs connectés n'auraient pas eu, bien évidemment, la même image que celle qui avait été enregistrée en différé. J'invite les ingénieurs de NTA – s'ils ne l'ont pas déjà fait –, à s'interroger sur ce point et à faire connaître leurs conclusions lors de leur prochaine intervention télévisée.

Voilà pour la mise au point technique et pour la « remise à l'heure » des pendules...

Je souhaiterais, en second lieu, apporter une preuve indiscutable de la réalité de la thèse de Ryben.

De même que Jésus dut accomplir des « miracles » pour convaincre les hommes de son identité, Ryben peut aujourd'hui montrer des signes de ses pouvoirs « surnaturels ».

Il ne peut toutefois les donner sur Terre, puisqu'il a choisi cette fois-ci une représentation immatérielle.

Ryben m'a annoncé pouvoir se livrer à l'expérience suivante : ce soir, à vingt heures précises, tous les sites Internet du monde présenteront en page d'accueil une image en transparence de Ryben. Ce phénomène pourra être observé pendant cinq minutes, de 20 h 00 à 20 h 05, heure de New York.

J'invite chacun d'entre vous à vérifier cette prédiction en se connectant à 20 h 00 à son site favori.

Si, comme je le crois, ce phénomène se produit, la suite des épisodes pourra reprendre, avec votre accord, sous forme d'une émission spéciale, prévue demain à 22 heures.

Je compte sur vous.

À très bientôt,

Bryan Vecler ».

À la fin du mail, Juddy avait ajouté, à l'attention de Charly :

« Le phénomène décrit doit se produire demain, il faut donc impérativement publier cet article demain matin. Je suis sûr que ça vaut le coup. Fais-moi confiance, je t'en prie.

Amitiés,

Juddy ».

Charly était pensif. Publier ou ne pas publier, telle était la question :

« Si jamais l'info est bidon, on va être la risée du monde entier. Si elle est vraie, c'est un scoop fabuleux. »

Charly n'eut pas besoin de tirer à pile ou face pour se décider.

* * *

Laetitia ne quittait pas Juddy d'une semelle. Dans le taxi qui les menait chez NWN, elle était même littéralement collée contre lui.

— Comment se fait-il que tu sois aussi ici, sur Terre, alors que le vieux Brayn n'a créé que Ryben, et qu'il ne s'est livré qu'à une seule expérience ?

— C'est Vecler qui est venu nous chercher, répondit Laetitia, avec sa naïveté habituelle.

— Nous ?

— Oui, moi et les deux gardes du corps.

— Les deux faces de cake ?

— Oui, les deux faces de cake aussi, répondit-elle en frottant sa joue contre l'épaule de Juddy.

Curieusement, elle semblait toujours apprécier son contact, alors que la comédie n'était plus utile désormais.

— Et comment a-t-il fait ? poursuivit Juddy.

— On ne sait pas. Mais on est bien contents en tout cas. C'est vraiment génial ici.

— Mieux que là d'où vous venez ?

— Rien à voir ! Tu ne peux pas savoir ce que c'est bon de respirer, de manger, de boire, de faire caca, et surtout de…

— De faire l'amour ?

— Oui. C'est fabuleux.

— Tu n'avais jamais…

— Non, ce mode de reproduction est vraiment propre aux espèces « physiques ».

— Et pourquoi souhaitez-vous repartir ?

— Repartir ? Pour rien au monde, nous ne repartirions. Il y a tant d'odeurs, tant de saveurs ici… C'est le paradis.

— Mais Vecler… il veut bien repartir ?

— Je ne sais pas.

— Tu ne sais pas ou tu ne veux pas me le dire ?

— Je ne sais pas.

— Tu veux dire qu'il t'en empêche ?

— Je ne sais pas.

Tiens, le disque est rayé, se dit Juddy en songeant aux robots des romans d'anticipation de son enfance. Il était toutefois inquiet de la réaction de Laetitia. Si elle aimait tant ce monde terrestre, pourquoi pas Vecler ? Désirait-il vraiment rentrer ?

Le taxi les déposa devant l'entrée de NWN. Ils traversèrent le tunnel anti-éclaboussures et se présentèrent à l'accueil.

La remplaçante d'Helena occupait toujours son siège.

— Bonjour, lui fit Juddy sèchement, se souvenant de leur dernière rencontre.

— Bonjour, messieurs dames, vous avez rendez-vous avec… ?

— Avec John Leederman, il nous attend.

— Et qui dois-je annoncer ?

— Juddy Desmith, je n'ai pas changé de nom depuis la dernière fois…

— Oh, si vous pensez que je retiens le nom de toutes les personnes qui défilent ici !

Toujours aussi conne, celle-là, pensa Juddy.

— Brr, je n'aime pas cet endroit, lui chuchota Laetitia dans l'oreille, en s'accrochant à son bras.

— Vous pouvez monter, il vous attend, informa l'hôtesse.

Juddy présenta Laetitia à Leederman comme une assistante du journal, en cours de formation.

— Enchanté, mademoiselle, vous tenez là un excellent professeur, vous savez ?

— Je le sais, c'est le meilleur.

— Dites donc, John, reprit Juddy, elle n'est pas très aimable, votre nouvelle hôtesse d'accueil. Helena revient bientôt ?

— Non, je le crains. Helena nous a quittés du jour au lendemain. Elle nous a envoyé sa lettre de démission après son départ, ce qui est peu courant ! Je suis toutefois d'accord avec vous, j'ai perdu au change. Celle-là n'est pas faite pour l'accueil, mais elle est sérieuse. Je vais la faire changer de service. Mademoiselle – dit-il en s'adressant à Laetitia –, un poste d'hôtesse d'accueil dans une grande entreprise, ça ne vous intéresse pas ?

— Non merci, sans façon…

— Alors, qu'est-ce qui vous amène, Juddy ? Vous m'avez parlé d'une affaire importante au téléphone…

— Oui, il s'agit de Ryben.

— Ryben ? Mais ce n'est pas fini, cette histoire ?

— Pas vraiment. Il va y avoir un rebondissement. Je vais vous en informer en avant-première mais tout le monde pourra le lire demain dans le journal.

— Et de quoi s'agit-il ?

— Un nouveau communiqué de Bryan Vecler, dans lequel il démontre que les jugements techniques relatifs à la dernière émission de *Ryben* étaient infondés.

— Oui… et en quoi *New World Net* est-il concerné ?

— Vecler annonce également une manifestation planétaire sur tous les sites Internet demain soir, qui prouvera qu'il disait la vérité. Une émission spéciale de Ryben pourra alors être programmée pour le lendemain.

— Diffusée à partir d'ici ?

— Oui, à partir d'ici. Vecler souhaite réaliser la mise au point cette nuit.

— Les autorités ne nous laisseront jamais émettre, après les propos qu'il a tenus !

— Peut-être, mais il faut tout préparer quand même. John, nous avons besoin de votre accord, le temps presse… Bryan Vecler souhaiterait venir travailler ici ce soir.

Leederman semblait sceptique. Il comprenait mal l'insistance de Juddy Desmith. Juddy reprit donc sur un ton implorant :

— John, rendez-moi ce service, s'il vous plaît… Puis il ajouta en lançant un clin d'œil : pensez à Marie Curtis, elle aurait été fière de réaliser une émission pour 200 millions d'internautes…

Leederman et Juddy savaient pertinemment l'un et l'autre que Marie n'aurait jamais accepté une telle opération. Leederman, qui avait compris le message de Juddy, reprit d'une voix plus détendue :

— C'est d'accord, Juddy, bien sûr, bien sûr que je suis d'accord ! Vous pouvez dire à monsieur Vecler qu'il est chez lui ici. Qu'il vienne quand il veut !

— Merci John. Bryan Vecler viendra vers 22 heures, quand tout le personnel aura quitté les locaux. Il compte y passer une bonne partie de la nuit. Il a besoin des codes d'accès.

— Pas de problème, je vais vous les donner.

— Merci, John. Je savais que je pouvais compter sur votre concours !

* * *

De retour à l'appartement de David Brayn, Juddy et Laetitia furent accueillis très froidement par un Vecler des mauvais jours.

— Monsieur Desmith ! lança-t-il, n'essayez pas de jouer au plus malin avec moi, je vous le déconseille ! Je n'ai pas du tout apprécié votre petit numéro avec Leederman. Heureusement que ce gros lourdaud va se jeter dans la gueule du loup. Laetitia, ma belle, viens près de moi, veux-tu ?

Lorsque Laetitia fut à portée de sa main, Vecler lui retourna une gifle qui la fit chanceler.

— Je te conseille de la boucler dorénavant, si tu ne veux pas finir dans les oubliettes du château !

* * *

Le lendemain matin, le communiqué de Vecler parut dans le *New York Times,* sous l'intitulé : « Rebondissement dans 'l'affaire *Ryben'*». Charly Weis avait tenu parole : l'article figurait en première page.

Un peu avant 20 heures, Charly et toute l'équipe, sauf Juddy, étaient réunis dans la salle de rédaction. Charly aimait saluer les grands scoops par un arrosage copieux, à la hauteur de l'événement. À cet instant, les bouteilles de champagne patientaient au frigo. Charly Weis était particulièrement tendu. Il lui arrivait parfois de prendre des risques, pour annoncer et commenter avant les autres le résultat d'une élection alors que les résultats n'étaient pas définitifs à l'heure de mise sous presse par exemple, mais ce soir, l'annonce était d'une tout autre nature. Plus il y pensait, plus il se rendait compte qu'il s'était fait berner par Juddy, qui lui-même devait être la victime de ce fou furieux de Vecler.

Il demanda à ses collaborateurs de bien vouloir se rendre dans leurs bureaux respectifs, pour se connecter à Internet, chacun sur un site différent, avant l'heure dite. Charly resta seul dans la salle de rédaction, la tête entre les mains. Chacun comprit qu'il n'en menait pas large.

Au bout de quelques longues minutes, à 20 heures précises, Charly entendit fuser les « hourra ! » et les « Charly, viens voir, vite ! » de tous les bureaux du journal. Il se précipita dans le bureau le plus proche, et constata que la prédiction impossible venait de se réaliser : l'image du corps de Ryben, les bras en croix, apparaissait en transparence sur toutes les pages de tous les sites Internet consultés. Ce phénomène paranormal put être observé jusqu'à 20 h 05 précises.

Tout en faisant sauter les bouchons de champagne dans une folle excitation, l'équipe du *New York Times* but du petit-lait en allumant la télévision. Toutes les chaînes diffusaient un flash spécial relatif au « miracle de Ryben » et citaient évidemment la parution prémonitoire du *New York Times*.

Que l'événement fût étrange et inattendu n'interpellait pas Charly Weis : seule comptait pour lui la joie du scoop réussi, dans les meilleures conditions de sa carrière journalistique.

Il réclama le silence, et, solennellement, leva son verre au ciel en déclarant : « Merci, Juddy Desmith ! ». Tous les journalistes reprirent en chœur « Merci, Juddy Desmith ! », comme des paroissiens fidèles répétant les incantations d'un pasteur.

* * *

John Leederman, de son côté, pensait avoir compris le message d'aide de Juddy. Il chercha la carte que l'un des deux agents du FBI lui avait laissée, la trouva dans la poche extérieure de sa veste, sous sa pochette, puis il composa le numéro du portable indiqué. Il expliqua qu'il avait été prévenu par Juddy Desmith, le journaliste du *New York Times*, que Vecler devait travailler ce soir en ses locaux et que s'ils venaient avant 22 heures, ils pourraient le cueillir pour l'interroger à loisir. Rendez-vous fut pris pour 21 h 30.

Leederman commença à s'inquiéter à 21 h 45 : les agents du FBI n'étaient pas encore arrivés. J'espère qu'ils vont venir avant lui, pria-t-il.

En réponse à sa supplique, on toqua à la porte de son bureau. Il s'empressa d'aller ouvrir et le regretta aussitôt. Il venait de recevoir un coup violent au niveau du plexus, qui lui coupait la respiration ;

immédiatement suivi – avant qu'il n'ait pu récupérer du premier – d'un coup de genou dans les parties. Il gisait à terre, plié en deux, le visage rougeoyant.

— Alors, gros con, on t'a jamais dit que c'est pas beau de rapporter ? lança le plus petit des deux flics.

— Mais qu'est-ce que ça veut dire ? souffla Leederman en larmoyant.

— Que t'es un gros clown ! renchérit le plus grand, et qu'on va t'envoyer au cirque !

Puis il ferma la porte.

Parallèlement, Vecler, Laetitia et Juddy pénétraient dans l'immeuble grâce aux codes d'accès confiés par Leederman. Dès qu'ils furent parvenus dans la salle sécurisée qui abritait les serveurs de réseau, Vecler se jeta sur un clavier et commença à travailler. Au bout de quelques instants, il déclara à Juddy :

— J'ai une bonne nouvelle pour vous !

— Je crains le pire, répondit Juddy.

— Votre amie va avoir de la compagnie, ça lui remontera le moral !

— Marie ?

— Oui.

— Comment ça ?

— Son patron avait un message urgent à lui remettre !

— Leederman ! Que lui avez-vous fait ?

— Venez voir vous-même !

Sur l'écran de l'ordinateur, on pouvait distinguer dans le décor virtuel habituel les deux gardes du corps fous, sous l'apparence de personnages de jeu vidéo, affublés chacun d'une grande cape rouge. Ils couraient en direction du château, traînant Leederman par les pieds.

— Vous êtes ignoble, Vecler, murmura Juddy, dégoûté.

— Mais non… mais non, calmez-vous !

— J'arrête cette mascarade ! Je ne vous fais pas confiance, je suis sûr que vous m'avez menti. Vous n'avez aucune intention de libérer Marie !

— Cessez vos enfantillages, Juddy, et venez dire bonjour à la dame. Vous savez que vous avez de la chance ? Elle a vraiment un corps de rêve ! Si doux, si chaud, si vierge… Je l'ai prise avec un grand plaisir !

— Ça, ça m'étonnerait !

— Pourquoi, mon garçon ? Ah, parce qu'elle est frigide ? Pas quand elle est évanouie…

Puis il ajouta :

— Laetitia, mon bijou, passe les menottes à notre invité, je crois qu'il va encore m'étrangler !

Avec une agilité de gymnaste, Laetitia bondit sur Juddy, lui bloqua un bras dans le dos et lui passa sans difficulté une paire de menottes toute neuve.

— Voilà qui est plus prudent ! lança Vecler. Vous pouvez approcher maintenant.

— Vous ne l'emporterez pas au paradis, Vecler !

— J'adore votre humour, Juddy…

Juddy s'assit à côté de Vecler, espérant voir à nouveau Marie vivante. Une maigre consolation, mais c'était tout de même bon à prendre.

Malheureusement, ce qu'il vit était plus de nature à accroître son malaise.

Lorsque les deux compères virtuels ouvrirent la grille et firent rouler le corps du pauvre Leederman à l'intérieur de la cage ronde, Marie n'était pas visible. Le plus petit des deux hommes alla jusqu'au fond de la cage puis en revint en traînant Marie par le bras. Elle semblait ne pas pouvoir se lever, à demi consciente.

— Que se passe-t-il ? questionna Juddy ; est-elle malade ?

— Je ne pense pas, répondit Vecler, je crois plutôt qu'elle a le mal de l'espace virtuel. Le corps n'est pas préparé ; au bout de quelque temps, il réagit.

— Vous voyez bien qu'elle n'en peut plus ! Laissez-la sortir ou je romps notre accord !

— Monsieur Desmith, rétorqua calmement Vecler, croyez-vous vraiment que j'aie encore besoin de vos services ? Votre mission est terminée, vous l'avez menée à bien et je vous en adresse mes plus vifs remerciements. Désormais, les choses vont s'enchaîner toutes seules, et demain, tout sera fini, un peu grâce à vous, il est vrai. Alors, comme promis, je libérerai Marie, et vous serez tous deux aux premières loges pour le grand saut !

Juddy Desmith commençait à bien connaître Vecler et appréciait son sens aigu de l'organisation. Vecler agissait constamment à la manière d'un maître d'échecs, prévoyant le déplacement de ses pièces, plusieurs coups à l'avance. À l'instar des meilleurs joueurs, on ne pouvait deviner ses intentions qu'a posteriori, ce qui est toujours plus confortable. Pour percevoir la fin de la partie, il fallait que Juddy commence par remettre en ordre le puzzle des coups précédents ; cet exercice nécessitait l'éclairage de Vecler.

— C'est vrai, reprit Juddy, c'est vrai que depuis que je vous connais, vous avez toujours tenu parole… Tout ce que vous avez annoncé s'est finalement produit.

— À la bonne heure ! Je vois que vous retrouvez ce côté raisonnable qu'on apprécie en vous.

— Vous savez, je n'aurais jamais pensé que votre plan de sauvetage marcherait, que vous seriez capable de retourner l'opinion publique comme vous l'avez fait… et en si peu de temps !

— Vous voulez que je vous dise ? Ce n'était pas un plan de sauvetage. C'était prévu. Une croissance continue du nombre d'abonnés aurait pu s'avérer longue et laborieuse, elle aurait même pu s'essouffler. Remarquez que c'est le problème de toutes les émissions à succès : une fois une certaine maturité atteinte, l'audience décline lentement, la passion diminue peu à peu. Il fallait donc une rupture ! Un rebondissement ! Pour être certain que le jour J., le score voulu serait atteint.

— Vous voulez dire que le coup de l'horloge était prémédité ?

— Exactement ! Rien ne m'empêchait de faire figurer une horloge en marche puisqu'on était réellement en direct !

— Comment avez-vous su qu'on s'arrêterait à la première image de l'horloge ?

— Parce que les hommes vont rarement au bout des choses, surtout lorsque des faits confirment leurs a priori.

— Je suis parfois surpris par votre clairvoyance !

— C'est vrai que ce n'est pas difficile d'être plus intelligent que les hommes ! Pour nous, vous êtes un peu l'équivalent de vos singes.

— C'est comment, chez vous ? Je veux dire, ça ressemble à quoi ?

Vecler ne répondit pas. Pendant sa conversation avec Juddy, il n'avait pas arrêté de taper des instructions sur son clavier. Un véritable multiprocesseur !

Juddy insista :

— Rassurez-vous, ce n'est pas pour écrire un article ! Juste pour ma curiosité personnelle !

— Ce n'est pas facile de vous le décrire. Rien de comparable avec votre espace, votre matière.

— David Brayn parlait d'énergie pure ; est-ce à dire que vous n'avez pas de matière solide ?

— Bravo, Juddy ! Vous êtes malin comme un singe, vous savez ?

Juddy ne releva pas la provocation de Vecler, il venait d'avoir une sorte de déclic. Une idée furtive avait subitement traversé son esprit. Il avait pu l'intercepter en vol avant qu'elle ne retourne dans les obscurs labyrinthes des pensées oubliées. Il allait tenter de la vérifier.

— Dans ce cas, comment faites-vous pour avoir cette représentation physique et humaine ?

— Je vous l'ai déjà dit, trancha Vecler que la question importunait, c'est une sorte de simulation. Comme une représentation virtuelle par rapport à vous, mais à l'envers. Maintenant, je préfère que vous me laissiez travailler, j'ai encore beaucoup de choses à préparer pour le grand soir. Laetitia ! Veux-tu bien ramener notre invité à la maison et garder l'œil sur lui ? Je vous rejoindrai plus tard… Et ne réponds pas à ses questions intimes, cette fois-ci !

Laetitia s'exécuta immédiatement. Elle poussa Juddy, toujours menotté, hors de la salle machine. Juddy la suivit ensuite sagement, ne pouvant espérer s'échapper dans l'immédiat.

Sur le chemin du retour, il gambergeait. Son idée lumineuse éclairait autant la situation qu'elle la rendait inquiétante. S'il avait bien compris, ces extraterrestres, issus d'une autre dimension, n'avaient pas, dans leur propre monde, de représentation physique. Il se remémorait l'image de Laetitia parlant avec gourmandise des odeurs, des saveurs et des plaisirs sensoriels qu'elle découvrait. En fait, pour disposer de cette représentation humaine, ils devaient sans doute « emprunter » une matière correspondante, existant sur Terre, investir la masse d'un corps humain.

Si cette théorie était fondée, David Brayn avait commis une incroyable bévue. Lors du contact, il croyait pouvoir libérer son énergie en direction de cette autre dimension ; en réalité, il avait aspiré l'énergie de l'alien Vecler, qui avait ainsi pris possession de sa masse physique. De même, Laetitia et les deux gardes du corps devaient évoluer au sein de corps d'emprunt.

Enfin, tout en gardant la même quantité de matière, ils devaient avoir la faculté de changer d'aspect, puisque Vecler ne ressemblait pas à Brayn.

Juddy devait vérifier cette hypothèse auprès de Laetitia, sa confidente involontaire. Elle le surveillait par intermittence dans le rétroviseur, tout en conduisant.

— Tu conduis bien, remarqua Juddy, mais où as-tu appris ?

— Juddy, je n'ai pas le droit de te répondre, tu as entendu Bryan ?

— Oui, j'ai entendu. C'était juste pour discuter. Je trouvais simplement curieux que tu saches conduire s'il n'y a pas de voitures dans votre monde.

— Nous utilisons vos réflexes conditionnés, ne put s'empêcher de préciser Laetitia au bout d'un moment.

Incorrigible ! pensa Juddy avec satisfaction.

— Conditionnés ? La conduite s'apprend, pourtant ?

— Oui et non. Vous le portez en vous dès la naissance. Comme un tas d'autres choses. Les espèces sont en adaptation permanente à leur environnement, la voiture en fait partie désormais. Regardez vos pieds : ils s'agrandissent au fil des siècles alors que vos doigts de pied rétrécissent. Cela relève de l'effet conjugué de la marche verticale et des chaussures. Vous ne vous servez plus de vos orteils pour saisir des objets ou grimper aux arbres, ils n'ont plus qu'une fonction d'équilibre. De petits doigts de pied sont suffisants pour ça ! Regardez vos poils : ils se situent essentiellement au visage et sur le crâne, parce que le reste du corps est recouvert toute la journée. Les poils qui tiennent chaud au corps sont devenus inutiles.

— C'est vrai, mais ce sont des adaptations physiques, morphologiques...

— Non, ce sont des adaptations visibles. C'est la même chose pour le reste, même si ça ne se voit pas. La mutation est permanente et relativement rapide en fait. N'as-tu pas remarqué que tous les parents s'extasient devant les prouesses de leurs chérubins face à un ordinateur ? Ils disent vrai quand ils pensent qu'ils n'auraient pas eu les mêmes facilités à leur âge. Là où ils se trompent, c'est quand ils croient que leur progéniture est exceptionnelle, car c'est en fait le résultat d'une évolution générale. En réalité, les gènes ne transmettent pas uniquement les caractères physiques. Ils transmettent toute la mémoire collective nécessaire à l'intégration du nouveau-né dans son environnement.

— D'après toi, nous saurions tout faire à la naissance ?

— Non, quand même pas, mais vous êtes préparés à pas mal de choses !

— Et pour utiliser ces savoir-faire inconscients, il te suffit de les « réveiller » dans le corps que tu as pris ?

— Exactement.

Juddy tenait sa réponse. Il avait donc vu juste !

— Une chose me tracasse... C'est dommage de ne pas en profiter une dernière fois, tous les deux, avant que vous ne partiez ?

Juddy observait la réaction de Laetitia dans le rétroviseur. Elle était rouge comme une pivoine. Elle lui fit signe de ne pas en dire plus en portant son doigt contre sa bouche.

Juddy se disait que c'était sûrement leur talon d'Achille. L'acte sexuel devait les rendre fous de bonheur. Le summum du plaisir physique ! Dès qu'ils furent montés dans l'ascenseur de l'immeuble de l'appartement de Brayn, Juddy se serra contre elle et frotta le dos de sa main menottée entre les cuisses de Laetitia. Elle réagit effectivement immédiatement, fermant les yeux et se frottant elle-même à la main baladeuse. Quand ils furent entrés dans le bureau de Brayn, Laetitia lui demanda de s'asseoir sur le canapé. De son côté, elle passa derrière le bureau et écrivit quelques mots sur un post-it jaune. Juddy remarqua qu'elle écrivait sans regarder le papier. Elle lui tendit le post-it en détournant le regard :

« Mes yeux font office de caméra pour Bryan. Il peut entendre aussi. Je veux bien faire l'amour avec toi, mais il ne doit pas s'en apercevoir ».

Juddy fut surpris de la révélation, mais satisfait de constater que Laetitia pouvait désobéir à Vecler. L'appel du sexe était le plus fort. Après avoir vérifié que l'extraterrestre nymphomane ne regardait pas en sa direction, Juddy écrivit à son tour le message suivant :

« Exercice périlleux, surtout avec ces menottes ! »

Puis il colla le post-it sur le bureau. Il attendit. Laetitia ne daignant pas lire sa réponse, il comprit soudain qu'elle ne pouvait pas la lire avec ses yeux-caméra et se sentit bête. Comment faire pour lui demander d'enlever ses menottes sans parler, ni écrire ou mimer ?

Pendant qu'il cherchait vainement une solution, Laetitia ôtait son pantalon de cuir. Elle ne portait pas de culotte. Elle entreprit de se masturber en regardant Juddy dans les yeux, sans baisser la tête. Tout en exhibant son sexe mouillé, elle déclara d'une voix neutre :

— Bon ! Eh bien, nous allons attendre gentiment ici que monsieur Vecler revienne !

Après quelques minutes de caresses bien senties, elle vint s'installer sur le canapé, à côté de Juddy.

— Je préfère t'avoir à portée de main, au cas où tu aurais des envies de grands espaces, lui fit-elle en ponctuant sa phrase d'un clin d'œil.

Elle se tenait en face de lui, les cuisses ouvertes, espérant qu'il y glisserait discrètement ses deux mains attachées.

Sentant Laetitia plus préoccupée par sa propre montée d'hormones que par sa mission de surveillance, Juddy lui asséna un fulgurant coup de tête en pleine face, qui lui fit éclater le nez. La brutalité du choc réveilla la douleur de son propre crâne blessé, l'aveuglant pendant quelques secondes. Lorsqu'il vit à nouveau, il constata que son coup avait pleinement réussi. Laetitia gisait sur le bras du canapé, la tête penchée en arrière, vers le sol, pissant le sang. Il vérifia qu'elle était inanimée puis fouilla dans les poches de son pantalon, de sa veste, à la recherche des clés de ses menottes. Elles ne s'y trouvaient pas. Il découvrit en revanche un boîtier noir, de la taille d'un agenda. Il s'agissait d'une sorte de Palm Pilot. L'engin était doté d'un petit écran et d'un stylet. Lorsqu'il l'alluma, l'écran afficha un cercle brillant sur fond noir, dont le centre présentait une sorte de croix, semblable à un viseur. Il faillit pointer le stylet sur la cible mais se souvint des dernières paroles de Marie, l'implorant de ne pas cliquer dans le cercle. Juddy était curieux de voir ce qui se produirait mais ne voulut pas prendre ce risque. Si ce mécanisme le téléportait dans le monde de Ryben, comment pourrait-il en revenir ?

Il décida de tester l'opération avec Laetitia, avant qu'elle ne reprenne ses esprits. Il la redressa tant bien que mal en position assise, lui plaça l'appareil sur les genoux, lui enfila le stylet dans une main. Il prit soin de n'être en contact qu'avec la main qui tenait le stylet, la souleva juste au-dessus de l'écran puis la laissa tomber.

Un éclair violent foudroya la pièce. Laetitia avait disparu avec la lumière. Seul le Palm Pilot magique gisait sur le canapé.

« Waouh ! s'exclama Juddy, bon voyage, ma chérie ! » Après avoir pris soin de l'éteindre, Juddy glissa le Palm dans sa poche. Le mieux était de quitter les lieux le plus rapidement possible ; Vecler ne tarderait pas à s'apercevoir que son assistante avait un problème. Juddy sortit, descendit par l'escalier et se retrouva bientôt dans la rue.

Il était plus de minuit. Un vent violent et une pluie battante avaient balayé les derniers terriens nocturnes. Juddy était désespérément seul, désœuvré, et menotté.

Il pensa à Marie, pour se donner du courage. Pauvre petite Marie, prisonnière de l'irréalité. « Tiens bon, Marie, je suis avec toi. Pense à nous, à notre amour, ça te réchauffera le cœur et l'âme, comme à moi en ce moment. Nos corps ne comptent pas : seul notre amour est réel, j'en suis de plus en plus convaincu… »

Juddy sentit une voiture ralentir à sa hauteur. C'était la police ! Il était sauvé ! Il se précipita et frappa à la portière. La voiture s'arrêta, deux flics en descendirent, la main sur leur arme.

— Regarde, Harry ! Il a déjà les menottes, celui-là ! Un cadeau de Noël ?

— Je vous en prie, emmenez-moi au poste ! implora Juddy.

— Décidément, il fait tout le boulot ! commenta Harry.

Il ouvrit la porte arrière du véhicule. Juddy s'y engouffra. La voiture redémarra doucement, creusant son chemin sur la route inondée.

— Alors, qu'est-ce qui se passe, chef ?

— C'est un peu compliqué, fit Juddy. Je suis journaliste, j'enquête sur Bryan Vecler… Vous savez, « l'affaire *Ryben* » ?

— Et alors, Jésus t'a passé les menottes ? rétorqua Harry, goguenard.

— C'est Vecler. Il est dangereux. Je suis venu au commissariat il y a quelques jours, j'ai fait une déposition au sujet de la disparition de mon amie, Marie Curtis. Une enquête doit être ouverte chez vous. Pourrais-je voir la personne qui s'occupe du dossier ?

— On verra tout ça au poste, pas de panique, mec !

— Il faut faire vite ! Vecler est un extraterrestre dangereux.

Je viens de faire une connerie, pensa Juddy. Ces flics vont me prendre pour un allumé…

Effectivement, ils échangaient un sourire entendu.

— Pas de problème, mec, on va te trouver un bon petit coin pour cuver et on verra tout ça à tête reposée !

— Je n'ai rien bu, vous pourrez me faire une prise de sang si vous le souhaitez. Mais par pitié, faites vite !

— C'est ça, c'est ça…. Tu expliqueras toute ton histoire au lieutenant de garde.

Arrivés au commissariat, les deux flics emmenèrent Juddy jusqu'à une cellule et lui demandèrent de patienter jusqu'à ce que le lieutenant puisse le recevoir. Il y avait là deux clochards, qui ronflaient dans un coin. Juddy avait protesté, insistant sur l'urgence de la situation, sans succès.

Alors il attendit, attendit… Rappela à deux reprises, exigea d'être entendu immédiatement, pleurnicha. On le rassura, on lui confirma que ça n'allait pas tarder et que s'il voulait bien la boucler, ça ferait plaisir à tout le monde, et que peut-être même, ça pourrait aller plus vite parce que là, il avait tendance à casser les couilles…

Vers 5 heures du matin, on finit par venir le chercher alors qu'il venait juste de s'assoupir contre la grille de la cellule.

— Debout ! Le lieutenant va te recevoir. Allez, dépêche-toi !

Juddy suivit le gardien jusqu'au bureau du lieutenant. C'était un grand homme noir, il avait l'air fatigué. Il devait en voir de toutes les couleurs la nuit, à New York.

— Alors, commença le lieutenant, d'une voix douce – en contradiction avec son aspect physique –, il paraît que vous avez des choses extraordinaires à me raconter ?

— C'est exact. On a déjà perdu un temps précieux…

— C'est votre avis. Vous savez, c'est un peu comme aux urgences de l'hôpital, ici. Les hommes sont habitués à reconnaître du premier coup d'œil le degré d'urgence. Ça nous permet de gérer les priorités en nous pressant lentement. Sinon, on ne vit plus. Vous comprenez ?

— Je comprends. Mais en l'occurrence, je crains que le diagnostic me concernant n'ait été approximatif.

— C'est ce qu'on va voir ensemble.

Le grand lieutenant noir se cala au fond de son fauteuil, et s'alluma une pipe.

— Allez, racontez-moi tout ça par le menu, je vous écoute, monsieur…

— Desmith. Juddy Desmith, journaliste au *New York Times*.

Juddy fouilla dans sa poche, en retira une pipe et son tabac. Il était trempé, inutilisable.

— Ça vous dérange si je vous emprunte un peu de tabac ? demanda-t-il au lieutenant.

— Non, servez-vous.

Juddy alluma sa pipe. Les deux hommes savourèrent leurs calumets respectifs quelques longues minutes, l'un en face de l'autre, mêlant leurs fumées en un seul nuage.

Puis Juddy raconta son histoire.

ÉPISODE 12

« Je vous remercie sincèrement de votre attention, merci à tous ! »

Cette fois-ci, la grosse cavalerie était en marche. Juddy participait à la réunion de crise convoquée par le Gouvernement, suite à l'alerte donnée par le lieutenant Dickson, qui était remontée en cascade. Une trentaine de personnes étaient réunies, autour d'une immense table ovale, dans les locaux de la CIA. Devant chacun des participants, une plaquette indiquait ses nom et appartenance. Il y avait là des grands pontes de la CIA, du FBI, du Pentagone, et du Gouvernement fédéral. C'est son représentant, Douglas Layne, qui prit la parole, à 12 h 00 très exactement.

— Merci à tous, messieurs, de vous être rendus disponibles aussi rapidement. Le sujet est d'importance. Il concerne, comme vous le savez, « l'affaire *Ryben* ». Il y a tout lieu de penser que nous nous trouvons face à un problème grave. Vous avez suivi les dernières évolutions de l'affaire, avec l'apparition de l'image de Ryben sur tous les sites web du monde, hier soir à 20 heures. Ce phénomène demeure inexpliqué. Nos experts restent secs sur le sujet.

Monsieur Desmith, ici présent, journaliste au *New York Times*, prétend qu'il s'agirait d'un contact établi avec une dimension extra-terrestre.

Un brouhaha emplit la salle, cette annonce suscitant de nombreux commentaires entre voisins de table.

— Silence, messieurs, s'il vous plaît ! Laissez-moi poursuivre, vous aurez le loisir de vous exprimer après. Nous avons toutes les raisons de penser que cette hypothèse n'est pas fantaisiste. Mais avant de vous l'exposer, je vais vous montrer quelque chose.

Douglas Layne appuya sur une télécommande qui fit démarrer une vidéo murale, au fond de la salle. Il expliqua que l'expérience qu'ils allaient voir avait eu lieu le matin même. On distinguait un homme habillé en noir, assis au milieu d'une pièce totalement blanche, pareille à une chambre d'hôpital. L'homme tenait en main un Palm Pilot.

— Cet homme est un agent de la CIA, commenta le représentant du Gouvernement. Il s'est porté volontaire pour cette expérience. D'après Juddy Desmith, ce Palm appartient à l'une des extraterrestres, assistante de Bryan Vecler. Observez bien ce qui va suivre...

Les images suivantes furent à nouveau suivies d'une forte agitation dans la salle de réunion. L'homme en noir venait de disparaître de la pièce, dans un éclair aveuglant.

— Cet homme a été, en quelque sorte, téléporté. D'après Juddy Desmith, il pourrait avoir atterri sur un monde virtuel, celui que l'on voit dans les épisodes de *Ryben*. C'est bien ça, monsieur Desmith ?

— Oui, répondit Juddy. Ce monde virtuel a été créé par un savant New- Yorkais, David Brayn. Ryben, ou plutôt Ryban, était l'avatar de Brayn sur ce monde. Il s'agissait en fait d'une plate-forme interdimensionnelle, destinée à permettre la rencontre entre notre dimension et une autre. Lors du contact, David Brayn a disparu. Ryban, sa représentation virtuelle, aurait été remplacé par Ryben, représentation de Bryan Vecler, qui lui vient de cette dimension énergétique que recherchait Brayn.

Depuis, Marie Curtis de NWN et John Leederman, PDG de NWN ont disparu également. Vecler m'a montré qu'il les détenait sur la plate-forme virtuelle de Ryben. Autrement dit, ils sont ses otages.

— Je précise que tout ce que nous a raconté Juddy Desmith a été vérifié, ajouta Douglas Layne. Nous avons investi ce matin l'appartement de David Brayn, y avons trouvé tous les documents retraçant ses travaux ainsi que son *Manifeste*, que voilà. John Leederman et Marie Curtis ont effectivement disparu. Nous avons mis sous scellés le siège d'*Online Entertainment*, qui était abandonné, et celui de NWN. Vecler et son assistante n'ont pas été retrouvés. D'après monsieur Desmith, les extraterrestres seraient au nombre de quatre ; deux faux agents du FBI assureraient la protection de Vecler, lorsqu'il est sur Terre.

J'ajoute enfin que nous ne savons rien de leurs caractéristiques et de leurs éventuels pouvoirs.

Voilà, nous sommes réunis pour déterminer la marche à suivre et empêcher la diffusion de l'émission de ce soir.

Avez-vous des questions ?

Un silence suivit, chacun hésitant entre scepticisme et sérieux. Le chef de la CIA prit la parole :

— Croyez-vous qu'il soit possible que ce qui est arrivé à notre agent se reproduise avec les internautes connectés, ce soir ? Pensez-vous que ce soit l'objectif de Vecler ?

— Très certainement. Vecler a déclaré à Juddy Desmith vouloir réunir 200 millions de connexions pour obtenir un potentiel d'énergie suffisant pour retourner d'où il vient. Nous ne croyons pas à cette version. En tout cas, nous refusons de prendre un tel risque.

— Peut-on couper les réseaux de NWN pour empêcher la diffusion ? demanda le chef de la CIA.

— C'est ce que nous allons faire, mais ce n'est pas une solution définitive. Il y a des millions de serveurs dans le monde, et Vecler a montré qu'il maîtrisait parfaitement le réseau des réseaux.

— Alors, intervint le chef d'état major de l'armée, il ne nous reste plus qu'à prévenir le public. Personne ne doit se connecter à *Ryben* ce soir.

— Ils ne vous croiront pas ! s'exclama Juddy. Vecler a tout fait pour ça ! Il a désigné les autorités comme les ennemis de Ryben, qui ont déjà tenté de l'enterrer. Que vous le vouliez ou non, les gens se connecteront ce soir, Vecler ayant ravivé leur besoin de libre arbitre.

— Personnellement, je pense qu'il faut jouer sur les deux tableaux, reprit le chef de la CIA. D'un côté, nous mettons en carafe un maximum de *providers*, d'ici ce soir. De l'autre, nous organisons une intervention télévisée du président des États-Unis ; il sera entendu par la population.

Juddy pensait à Marie. Un tel plan, même s'il limitait les risques pour la population, condamnait assurément Marie. Il fallait proposer autre chose.

— J'ai une autre suggestion, déclara-t-il. Je connais bien le monde de Ryben, je l'ai visité en jouant, et Vecler me l'a montré plusieurs fois. En outre, il y a des similitudes avec l'appartement de Brayn, dont certaines pièces sont reconstituées.

— Et alors ? demanda Douglas Layne, quelle est votre idée ?

— Laissez-moi y aller ! Je pense que Vecler est là-bas, sous la forme de Ryben. Je trouverai un moyen de le mettre hors service.

— Désolé, mais c'est insuffisant pour nous. Nous n'aurons aucun moyen de suivre votre progression. Nous n'aurons aucune information sur le succès ou l'échec de votre entreprise.

— Écoutez, insista Juddy. Il est plus de midi. Il nous reste environ 10 heures pour agir. Votre agent est sur place. À deux, nous pouvons peut-être faire quelque chose. Laissez-moi essayer. Si je ne suis pas de retour à 20 h 00, faites ce que vous voulez.

Les hommes s'observaient, donnant un à un leur accord par un signe de tête.

— Très bien, conclut Douglas Layne. Nous vous laissons jusqu'à 18 h 00 avant d'agir. Si vous n'êtes pas rentré, nous mettons le plan B à exécution et prévenons le public.

Lorsque les participants quittèrent la salle, le chef de la CIA glissa à l'oreille du représentant du Gouvernement : « Bien joué, Douglas ! ».

* * *

Juddy était doté d'une vision quasi panoramique. Il observait simultanément à droite et à gauche, devant et derrière lui.

Il se leva d'un bond et se surprit à courir avec une extrême agilité. Ici, l'effet de pesanteur était moindre. Il reconnaissait au passage les paysages de *Ryben* ; ils étaient encore plus sombres et inquiétants in vivo. Juddy courait, courait, comme s'il fuyait. Il freina soudain brutalement, les deux pieds tendus vers l'avant, soulevant un nuage de poussière. Il reconnaissait le précipice à quelques mètres devant lui.

Heureusement que je connais le chemin, pensa-t-il, mais je n'ai pas de chaussures à trous, comment passer ? Machinalement, il porta la main derrière son épaule et sentit le sac à dos, qui s'ouvrit. Il y dénicha rapidement les chaussures trouées, les enfila, hésita un quart de seconde puis sauta dans le gouffre. Les chaussures remplirent leur office : il flottait littéralement au-dessus du vide, tel un planeur. C'était follement excitant. Il avait l'impression de retrouver les sensations oubliées des premiers tours de manège de son enfance, lorsqu'il profitait de ces espaces de liberté qui paraissaient dangereux, mais qu'il savait sécurisés, au fond de lui-même.

Il parvint rapidement de l'autre côté du précipice et courut jusqu'au château. Dans le ciel des lumières colorées strillaient par endroits l'épais socle nuageux. Les contrastes étaient époustouflants.

Le château apparut au fond de la vallée. Il le rejoignit sans cesser de courir, bondissant même de temps à autre pour éviter des obstacles rocheux. Il ne s'arrêta pas au pont-levis qui s'ouvrait à son arrivée. Pourtant, il aurait voulu observer plus précisément une vision qui venait de lui glacer le sang : l'agent de la CIA, pendu par les pieds au milieu de la cour. Il actionna sa vue arrière et remarqua avec horreur que le ventre de l'agent était ouvert sur toute la longueur. Juddy restait donc seul pour aller sauver Marie, son obsession. Curieusement, il ne se dirigeait pas vers le donjon où elle était emprisonnée. Il se dirigeait… on le dirigeait vers le bureau de Brayn.

Une fois à l'intérieur, il actionna le mécanisme d'ouverture du micro-ordinateur avec lequel il avait fait faire la visite de New York à Ryben. Une image représentant Paris s'afficha sur l'écran. Il dut cliquer sur l'image, puis perdit connaissance.

* * *

Reprenant lentement ses esprits, Juddy percevait des râles, féminins et masculins. Il entrouvrit les yeux et, malgré sa vision brouillée, reconnut Vecler et Laetitia dans une posture indécente. Elle était couchée sur le dos, nue, sur une petite table en verre. Ses fesses crissaient sous les coups de boutoir de Vecler qui la prenait sauvagement. Ils hurlèrent tous deux, en proie à un orgasme simultané. Vecler regardait au ciel, criant que c'était fantastique, génial, et « putain, que c'était bon, merde ! » Il termina ses injonctions en tournant la tête en direction de Juddy et lui adressa un large sourire.

— Ah ! Notre superhéros est revenu à lui ! Alors ? On a aimé la petite balade ?

Juddy était incapable de répondre. Il remarqua que Laetitia, qui s'était redressée, ne présentait pas de marques sur le visage. Elle aurait dû avoir le nez en compote. Elle s'approcha de Juddy en souriant, lui caressa les cheveux, lui embrassa le nez, lui lécha les paupières et le cou et lui enleva la ceinture d'explosifs dont la CIA l'avait paré puis la jeta à Vecler. Elle arracha les boutons de sa chemise blanche et se frotta contre son corps, en ronronnant. Juddy était épuisé, il ne pouvait la repousser.

— Attends, Laetitia ! s'exclama Vecler, à trois, ce n'est pas suffisant pour s'amuser. Si on allait chercher une amie ?

— Excellente idée, j'y vais ! répondit Laetitia.

Elle se leva d'un bond et sortit de la pièce. Elle revint quelques instants plus tard, accompagnée d'un bruit de chaînes. Juddy eut alors une vision d'horreur. Laetitia tenait Marie en laisse, avec une lourde chaîne en métal qui lui enserrait le cou. La seule chose rassurante dans cette scène, c'est que Marie était vivante. Elle était pâle, livide, enchaînée… mais vivante.

Pendant les deux heures qui suivirent, Vecler et son assistante s'adonnèrent à des jeux sexuels avec leurs prisonniers. Ensuite, ils les enfermèrent ensemble, nus, dans un petit cagibi obscur, là où Marie devait être emprisonnée précédemment. Ils se recroquevillèrent dans un coin, Juddy enlaçant Marie pour la réchauffer. Marie semblait absente, ailleurs : elle restait totalement silencieuse malgré les mots de réconfort que lui prodiguait Juddy.

Tout à coup, il l'entendit murmurer en français : « Arrête, arrête, je t'en prie ! Non, papa, arrête ! J'ai été sage, papa, comme tu me l'avais demandé… », puis elle fondit en larmes.

— Marie, Marie, reviens à toi ! Marie, nous sommes vivants et ensemble, c'est l'essentiel ! Est-ce que tu peux parler ? Tu m'entends ?

Marie se calma peu à peu, ses tremblements s'espacèrent, puis elle s'endormit.

Juddy ne voulut pas la réveiller tout de suite. Il fallait qu'elle récupère un peu.

Juddy se souvenait comme dans un rêve de son départ pour le monde de Ryben. On l'avait emmené dans la salle blanche d'où l'agent était parti. On lui avait donné une arme, une ceinture bourrée d'explosifs et une caméra miniature incrustée dans un des boutons de sa chemise. Il n'avait rien utilisé finalement ! Dès qu'il avait cliqué au centre du cercle, il s'était senti aspiré par le Palm Pilot, comme dans un toboggan rempli d'eau. Ensuite, il se souvenait de son court voyage sur la plate-forme, avec ses figures imposées. Il imaginait Ryben le manipulant avec son joystick… le monde à l'envers !

— Comment va-t-on s'en sortir, Juddy ? demanda Marie.

— Marie, mon amour, tu es revenue à toi ! Je ne sais pas. Du moins pas encore… Tant qu'ils ne nous tuent pas, on a une chance.

— Ils ont tué Leederman, dit Marie d'une voix grave. Ils l'ont tué sous mes yeux, c'était horrible. Ce sont des monstres, Juddy, c'est affreux…

— N'y pense plus, ma chérie. On les aura, je te le promets !

— Qui sont-ils, Juddy ?

— Des extraterrestres, ils viennent d'une dimension énergétique si j'ai bien compris. Je crois qu'ils peuvent emprunter le corps des terriens pour évoluer ici. Tout est parti des expériences d'un connard de savant. Vecler a dû investir sa masse physique.

— Et les autres ? La fille ? Les deux gogos ?

— Vecler a sans doute réussi à renouveler l'opération avec eux. J'ai pu prévenir le FBI, la CIA… Ils sont sur le coup.

— Tu crois qu'ils sont de taille ?

— Non, mais on peut toujours espérer. Il faudrait qu'ils parviennent à quelque chose avant ce soir. Pour 22 heures, Vecler a organisé une ultime émission de *Ryben*.

— Pour quoi faire ?

— D'après lui, pour repartir d'où il vient. Il lui faudrait l'énergie de 200 millions d'internautes connectés pour réussir à parcourir le chemin inverse.

— C'est n'importe quoi, Juddy, il ment !

— C'est ce que je crois aussi, mais je ne vois pas ce qu'il compte faire. D'après la CIA, il risque d'envoyer tout ce beau monde sur la plate-forme de Ryben.

Marie réfléchissait.

— Attends, Juddy, tu as bien dit qu'ils pouvaient remplacer un corps humain par un extraterrestre ?

— Oui, c'est ce que pense…

— Alors, je sais ce qu'il veut faire : il veut remplacer 200 millions de terriens par autant d'extraterrestres, en une seule opération !

Tout s'éclaira soudain dans l'esprit de Juddy. Encore une fois, le bon sens de Marie prévalait. C'était pourtant évident, et ça expliquait tout. La brèche était ouverte et ils voulaient tous s'y engouffrer, envahir la Terre ! Ils trouvaient la vie ici si intéressante, si excitante, que la Terre représentait pour eux une sorte de nouveau monde : un nouvel Éden.

— Merde ! Tu as raison, Marie, c'est ça leur plan ! Et je les ai bien aidés !

Marie sanglotait à nouveau, elle ne pouvait contredire Juddy.

La porte s'ouvrit, libérant un flot de lumière. Ils sortirent. Vecler se tenait debout, devant l'entrée du cagibi, tenant des vêtements pliés sur ses avant-bras.

— Tenez, enfilez ça ! Vous êtes attendus au grand salon.

Vecler et Laetitia étaient habillés comme pour se rendre à une cérémonie des oscars. Ils étaient tous deux magnifiques. Laetitia portait un décolleté flamboyant, mettant en valeur une superbe parure de diamants. Sa robe verte présentait également un immense dos-nu, plongeant jusqu'à la naissance de ses rondeurs. Juddy reconnut les deux petites fossettes au niveau de ses reins. Vecler portait un costume noir queue-de-pie, une chemise blanche et un nœud papillon blanc. Vecler et Laetitia les aidèrent à enfiler leurs propres tenues de soirée. Malgré son teint blême, Juddy trouva Marie superbe dans sa robe rouge.

Vecler les précéda dans les longs couloirs de la majestueuse bâtisse, un château du XVIe siècle, expliqua-t-il.

Il les fit entrer dans un grand salon aux immenses lustres illuminés. Au centre de la pièce, une table était dressée, un couple âgé les accueillit avec un large sourire. L'homme aux cheveux blancs plaqués en arrière fit un signe à Vecler pour qu'ils s'approchent.

— Si vous voulez bien vous donner la peine, leur dit-il, nous vous attendions pour dîner.

Juddy et Marie prirent place en face du couple. Malgré son âge, la vieille femme était lumineuse. Son regard bleu offrait une clarté permanente. Elle était belle.

— Très heureux de vous rencontrer, leur dit-elle. Bryan nous a beaucoup parlé de vous. Et Laetitia aussi. Nous aimerions beaucoup vous garder avec nous, après. N'est-ce pas, Jean ?

— Oui, Sarah, ça nous ferait très plaisir.

— On ne comprend pas très bien... Que voulez-vous dire ?

— Ne cherchez pas à comprendre des choses qui vous dépassent, répondit Sarah. Demandez-vous à votre chien de parler japonais ?

— Qui êtes-vous ? demanda Marie, avec ce ton agressif qui la caractérisait en pareille circonstance.

— Jean est le mari de l'impératrice. Je suis l'impératrice.

Vecler et Laetitia se tenaient en retrait à quelques pas de la table, les bras croisés.

— Bryan et Laetitia sont nos meilleurs agents, indiqua-t-elle. Bryan est notre James Bond si vous voulez. Il a parfaitement réussi sa mission. La plus difficile et la plus importante qu'il ait jamais eu à mener à bien.

— Et sa mission consistait à préparer l'invasion de la Terre ?

— Bravo ! Tu as vu, Jean, ils sont quand même intelligents !

— Bravo, monsieur Desmith ! ajouta Jean.

— Nous avons pris la place des deux gardes du corps de Bryan pour être aux premières loges, reprit l'impératrice. Nous ne voulions pas manquer le début de votre fin. Voyez-vous, nous n'avons pas le choix. Notre planète, Xyres, se trouve dans une dimension limitrophe de la vôtre. En réalité, il n'y a pas un espace, mais des milliers. À l'intérieur d'un même espace, la seule façon de se déplacer est celle que vous connaissez : il faut faire le déplacement, et ça peut être long, très long : trop long pour nous. Notre planète est en fin de vie. Elle est usée. Nous l'avons usée, ou plutôt, nos ancêtres inconscients. Depuis cinq générations, nous essayons de la maintenir, mais elle n'est plus vivable pour nous, le mal est fait. Il faudrait des milliers d'années pour que se régénère ce que nous avons détruit. C'est trop tard pour notre espèce, elle ne pourra survivre très longtemps dans les conditions qui sont les nôtres. Il nous fallait donc déménager. Mais rassurez-vous, avec l'expérience, nous ferons un meilleur usage de la Terre que vous !

— Vous avez donc aussi une apparence physique ?

— Bien sûr ! Une évolution de la vôtre. Nous sommes de la même espèce que vous, avec deux mille ans de plus. Ça nous fait bizarre de nous retrouver dans ces corps désuets !

— Vous disiez que, pour changer de lieu dans un même espace, il fallait voyager ; pourquoi est-ce inutile quand on change de dimension ?

— Parce qu'il n'y a pas de distance. Normalement, les dimensions ne peuvent jamais se rencontrer. Mais petit à petit, nos recherches ont montré que c'était possible en passant par l'espace virtuel, qui est commun à tous les espaces physiques.

— C'est ce que David Brayn avait compris ?

— Pratiquement, mais il ne voyait pas bien comment tout cela s'imbriquait. Nous avons visité les différents espaces limitrophes du nôtre depuis plusieurs générations. Nous cherchions des planètes vivantes et comparables à la nôtre. Nous avons découvert la Terre il y a 72 ans. Depuis, nous attendions que vous découvriez Internet, qui vous relierait enfin à l'espace virtuel, sans lequel nous ne pouvions vous atteindre. Sans David Brayn, nous serions venus quand même, mais il nous a tendu une belle perche. Nous avons alors missionné Bryan pour monter l'opération que vous connaissez.

Sarah regarda sa montre en diamants.

— Ah ! Il est 21 heures, rien de tel qu'une petite intervention présidentielle pour nous ouvrir l'appétit, n'est-ce pas, Jean ?

— Absolument, chère Sarah !

Le bon Jean manipula une télécommande qui alluma un poste de télévision doté d'un grand écran plat, situé dans le prolongement de la table. Le poste afficha effectivement le président des États-Unis, prêt à intervenir, debout, face à un pupitre. Il relisait ses notes, interrogeant du regard son assistante, de temps à autre, pour demander s'il pouvait commencer. Lorsque toutes les chaînes de télévision furent calées, il demanda le silence d'un mouvement apaisant de la main, ponctué de plusieurs « s'il vous plaît », puis commença :

« Mesdames, messieurs, chers compatriotes, chers citoyens du monde. (Le discours était sous-titré en français. L'impératrice était particulièrement attentive, tout en sirotant un verre de vin blanc français.) L'histoire du monde est rythmée, depuis que l'homme est apparu, par des progrès scientifiques incessants, que ce soit en matière médicale, génétique, spatiale ou encore technologique. Dans tous les domaines, nous nous sommes attachés – parfois inconsciemment, souvent volontairement –, à donner un sens à nos découvertes et, autant que possible, à respecter une certaine éthique morale et philosophique dans le cadre de leurs applications. Ces évolutions ne sont pas continues et linéaires, leur courbe s'apparente plutôt à un escalier dont chaque marche représenterait un soubresaut de la recherche.

Lorsque des découvertes isolées apparaissent, certains sont parfois tentés de profiter des résultats de leurs recherches à des fins personnelles et égoïstes, avant que celles-ci ne soient intégrées au pot commun de la connaissance scientifique.

Dans la plupart des cas, ces applications anarchistes sont de courte durée et inoffensives ; parfois cependant, elles peuvent représenter un danger pour nos sociétés. Il est alors de notre devoir d'intervenir pour stopper leur développement illicite.

Nous avons acquis la conviction que nous nous trouvons, avec ce qu'il est convenu d'appeler « l'affaire *Ryben* », dans une telle situation.

Ce qui est inexplicable – ou encore inexpliqué, devrais-je dire –, n'est pas forcément synonyme de spiritualité. S'il est vrai que l'apparition généralisée de l'image de Ryben sur tous les sites Internet interroge, au plan technique, nos experts en informatique, elle traduit plus la porosité de nos systèmes de contrôle du web que la manifestation d'une intervention divine.

En réalité, l'enquête menée par le FBI révèle une vaste machination.

Il s'agirait d'une menace terroriste visant à prendre le contrôle du réseau mondial. Une forme de virus informatique comme jamais nous n'en avons connu.

Les principaux suspects de cette opération sont actuellement activement recherchés, mais demeurent introuvables. Cet après-midi, nous avons lancé un avis de recherche international à l'encontre de Bryan Vecler – PDG de la société de production de *Ryben* –, de John Leederman – PDG de la société NWN – et de son assistante Marie Curtis, qui tous, ont favorisé la diffusion des émissions, ainsi que de Juddy Desmith – journaliste au *New York Times* et principal artisan de la notoriété du jeu.

Pour éviter tout danger, il appartiendra à chacun d'entre nous de ne pas se connecter ce soir sur *Ryben*, de la même manière que nous refusons d'ouvrir les mails que nous savons infectés. De notre côté, nous avons demandé aux principaux *providers* de couper leurs réseaux, jusqu'à nouvel ordre. Il y va de la sûreté de nos échanges, de notre commerce, de nos loisirs. Il y va de notre sécurité.

Je sais pouvoir compter sur chacun d'entre vous pour collaborer à l'échec de cette entreprise terroriste d'un nouveau genre. Je vous tiendrai prochainement informés des résultats définitifs de l'enquête en cours.

Je vous remercie sincèrement de votre attention, merci à tous ! »

Le président quitta immédiatement la salle en indiquant d'un geste qu'il ne ferait aucun commentaire supplémentaire, laissant ainsi la place aux commentateurs des journaux télévisés. Celui qui apparut à l'écran parlait français.

Sarah s'était levée, elle applaudissait à l'intervention présidentielle en riant.

— Merci, merci Monsieur le Président ! Magnifique allocution : sobre, intelligente, profonde… et complètement inutile !

Jean, qui s'était levé à son tour, reprit :

— Merci Président ! Je n'aurais pas fait mieux en pareil cas… du moins, je veux dire… l'impératrice n'aurait pas fait mieux !

Puis ils s'assirent en riant aux larmes. Sarah reprit son sérieux plus rapidement que son mari et s'adressa à Juddy et Marie :

— Alors, mes amis, vous voilà élevés au rang de terroristes internationaux ? Quel honneur !

— Oui, ils sont toujours aussi nuls, commenta Marie.

— On se demande vraiment pourquoi vous cherchez à les aider, ils n'en valent pas la peine !

— Pourquoi prétendez-vous que cette intervention est inutile ? demanda Juddy. Moi, je pense qu'elle peut avoir de l'effet. Elle est de nature, me semble-t-il, à limiter considérablement le nombre de connexions, sans parler des difficultés d'émission.

— Ça, on s'en est occupé, rassurez-vous, répondit sèchement Sarah. N'est-ce pas, Vecler ?

— Parfaitement, Madame l'impératrice, nous maîtrisons l'ensemble des réseaux pour permettre une diffusion générale, malgré les nombreux serveurs stoppés aux États-Unis. C'est encore plus facile à partir d'ici : la France pratique l'exception culturelle, aucun de ses serveurs n'a été coupé !

— Alors, mes amis, fit l'impératrice en levant son verre, buvons à la naissance d'un nouveau monde, à la naissance du nouvel Éden !

— Qu'est-ce qui vous fait croire que vous avez réussi ? demanda Marie agressivement.

— Voyez-vous, ma chère amie, nous connaissons bien vos congénères. En ce moment même, ils se sont déjà rués sur leur PC. Non pour se connecter à *Ryben,* mais pour vérifier que leur connexion Internet est encore opérationnelle. Ils seront rassurés de constater que c'est le cas, qu'ils sont passés à travers les mailles du filet. Ils adorent ça. Dès la connexion, ils bénéficieront de la petite vidéo suivante, que nous avons préparée spécialement pour l'occasion.

Sarah saisit la télécommande, sur la table, et fit passer le téléviseur en mode « connexion Internet. » Dès que la page d'accueil de

Chanel web fut chargée, une fenêtre s'ouvrit automatiquement sur la droite de l'écran. Ryben y apparut :

« Chers amis. Comme je vous l'avais indiqué, les autorités tentent une fois encore de vous empêcher de connaître la vérité. Leur obstination doit suffire à vous convaincre de l'importance de mon message. Pour le connaître, il vous suffira, à 22 heures, de cliquer dans cette fenêtre, je vous y inviterai.

Vous saurez alors qu'un autre monde existe, car je vous en apporterai la preuve irréfutable.

Pour nous tous, ce sera le début du renouveau.

La liberté de tout un peuple est entre vos mains.

À tout à l'heure ! ».

Juddy regarda sa montre. Il était 21 h 45. Plus qu'un quart d'heure, pensa-t-il.

— Soit ! Bien vu. Et que va-t-il se passer maintenant ?

— Vecler m'avait bien dit que vous étiez curieux, répondit Sarah, c'en est même pathologique. Ce qui va se passer, c'est que notre peuple va nous rejoindre, tout à l'heure, et j'en suis ravie !

— Ça, je le sais, mais techniquement, comment ça va se passer ?

— Notre ami Vecler, ici présent, va se rendre dans un instant dans le monde de Ryben, où il est Ryben. Tous les clics vont pointer sur lui en même temps.

— Il va servir de relais ?

— Oui, c'est un peu ça.

C'était là ce que Juddy voulait savoir ; il lui restait donc une dernière chance d'agir. Il changea de sujet pour ne pas éveiller l'attention sur son idée.

— Une fois sur Terre, qu'allez-vous faire avec les terriens, nous serons toujours plus nombreux que vous…

— C'est vrai, mais vous n'êtes pas à la hauteur. Nous allons supprimer une bonne partie de votre espèce. Mais on gardera quand e quelques spécimens pour nous aider dans nos tâches ménagères. Vous savez, c'est un peu ce que vous faites avec les autres espèces vivantes, ici. Et encore, ça pourrait être pire, on pourrait vous élever pour vous dévorer, comme vous le faites avec vos vaches, moutons, poulets, poissons…

Mais nous sommes plus civilisés que vous. Nous avons appris à respecter la nature.

Vecler s'était approché de la table. Il vint baiser la main de Sarah et caressa la tête de Marie, qui eut un mouvement de recul.

— Bien, il est temps pour moi de vous quitter, le devoir m'appelle ! J'ai rendez-vous avec 200 millions de compatriotes !

Il ouvrit son Palm Pilot et saisit le stylet. Avant de cliquer, il regarda Juddy dans les yeux, de son regard lumineux.

— Enchanté d'avoir fait votre connaissance, monsieur Desmith, ce fut pour moi un plaisir !

Puis il disparut en un éclair.

— Vous savez, c'est un véritable héros, chez nous, commenta Jean. Il a mené cette opération de main de maître !

Laetitia s'était dirigée du côté du poste TV-Internet. Elle ouvrit un ordinateur portable et tapa quelques instructions. L'écran de son portable afficha le monde virtuel. Ryben attendait devant le château. Elle le mena à l'aide des flèches de direction jusqu'au bureau reconstitué de David Brayn. Elle lui fit actionner le mécanisme d'ouverture du micro-ordinateur multidimensionnel, qui avait permis la visite de New York et le retour en France de Juddy et certainement de Marie.

L'écran virtuel afficha l'image d'une planète grise.

— C'est votre planète ? demanda Juddy.

— Oui, du moins, ce qu'il en reste. Il fut un temps, paraît-il, où elle était aussi belle que la Terre. À cette époque-là, nous étions arrivés au chiffre de 15 milliards d'individus. C'était bien trop. Nous avons puisé dans toutes les réserves naturelles, puis nous avons dû fabriquer nos propres aliments, par synthèse. Nous n'avions plus de place pour nous déplacer, alors nous avons appris à vivre de ma virtuelle, via Internet.

Et petit à petit, tout est devenu virtuel : les voyages, le commerce, les rencontres, tout… Le monde physique n'avait plus sa place, parce qu'il prenait trop de place. Nous avions trop tiré sur la corde. Notre nature a évolué : l'air est devenu irrespirable, la température est montée de plusieurs degrés, les vents se sont mis à souffler de plus en plus fort, dévastant totalement nos forêts en l'espace de cinquante ans. Et puis, Xyres s'est mise à durcir, comme une éponge qui sèche. Notre espèce n'a pu s'adapter à ces nouvelles conditions en si peu de temps. Nous avons été décimés. Nous sommes aujourd'hui en voie de disparition. Nous ne sommes plus que 200 millions, et la population baisse de 20 % tous les dix ans.

Vous voyez, notre planète est en train de mourir, aujourd'hui. J'imagine l'espoir de notre peuple en ce moment. Tous, sans exception, sont connectés de leur côté au site de Ryben. À cet instant, ils admirent l'image de la Terre sur l'écran. Et ils attendent eux aussi pour cliquer sur Ryben, qui va servir de passage.

— Tout est prêt, indiqua Laetitia. Connexion dans 5 minutes.

Juddy prit la main de Marie, sous la table. Elle était moite et molle. Marie était décomposée, visiblement très affaiblie par son séjour prolongé dans le monde de Ryben. Pourtant, Juddy avait besoin de son aide pour mettre son plan à exécution. Il ne devait pas éveiller les soupçons sur ses intentions jusqu'à la dernière minute. Il n'aurait pas droit à deux tentatives.

Il pressa la main de Marie à plusieurs reprises, pour lui faire comprendre qu'ils devaient agir. Marie tressaillit mais se ressaisit aussitôt, puis interrogea discrètement Juddy du regard.

Sarah et Jean avaient les yeux rivés sur les deux écrans, allant du portable au poste de télévision. À 21 h 59, la fenêtre de l'écran du téléviseur, dans laquelle était incrustée la page d'accueil du site portail *Chanel Web,* apparut à nouveau. L'image de Ryben, assis derrière le bureau virtuel de Brayn, s'afficha. Ryben était immobile. En transparence, un cercle lumineux apparaissait peu à peu autour de lui, dessinant un viseur sur son corps. Un compte à rebours affichait désormais les secondes restantes : il restait 30 secondes pour cliquer.

C'est ce moment que choisit Juddy pour agir.

— Occupe-toi des vieux ! lança-t-il à Marie en français.

Puis il se redressa brutalement, tout en renversant la table sur le couple royal de Xyres.

Marie bondit en hurlant sur Sarah, qui était encore allongée, lui plaqua ses genoux sur les épaules pour l'empêcher de se relever, puis cassa son verre sur son visage. Dans le même temps, Juddy s'était élancé vers Laetitia. Celle-ci sortit un pistolet de sa poche ; c'était celui que la CIA avait confié à Juddy. Elle tira à plusieurs reprises sur Juddy, l'atteignant à la cuisse et au bras. Mais plus rien ne pouvait arrêter Juddy. Devenu expert en coups de tête, et sachant que Laetitia en appréciait l'effet, il lui fit à nouveau exploser le nez d'un coup de tête d'une rare violence. Laetitia s'effondra sur l'ordinateur portable.

Derrière lui, Juddy entrevit la scène suivante : Marie frappant sans relâche le visage de l'impératrice Sarah avec son verre cassé, et Jean, accroché au cou de Marie, tentant de la tirer en arrière pour dégager sa bien-aimée.

Malgré la douleur qui le tenaillait, Juddy fit rouler Laetitia sur le côté pour dégager le micro, jeta un coup d'œil au poste de télévision, constata qu'il restait 7 secondes, et pria pour que David Brayn ait réellement programmé la fonction qu'il allait utiliser. Au moment où il finissait de taper la deuxième série de touches < CTRL > + < FIN > < FIN >, une lumière aveuglante inonda la pièce et Juddy s'évanouit.

C'est Marie qui le réveilla quelques instants plus tard, en l'embrassant.

— Juddy ! Juddy ! Je crois que tu as réussi, regarde !

Juddy revenait à lui. Il leva la tête doucement et remarqua d'abord qu'à la place de Laetitia, gisait une autre femme. Regardant plus attentivement, il reconnut Héléna, l'ancienne hôtesse d'accueil de NWN. Elle respirait, mais son visage était salement amoché.

« Désolé », pensa Juddy. Puis il regarda en direction du couple royal. Une jeune fille brune suffoquait à la place de Sarah. Juddy remarqua que les habits n'étaient pas ceux de Sarah : la jeune fille portait une jupe de cuir, très courte.

À la place de Jean, un homme noir, éberlué, visiblement sonné, tentait de se redresser.

Sur l'écran du portable, la connexion avec *Chanel web* avait disparu.

Épilogue

Quelques mois plus tard, toute cette histoire n'était plus qu'un mauvais souvenir pour Juddy. Il avait réussi à convaincre Douglas Layne de la véracité de sa version des faits. Le jeune homme noir qui était apparu à la place de Jean s'était avéré être le domestique de David Brayn. Il raconta ce qu'il avait pu observer de son côté, et confirma les propos de Juddy Desmith.

Les enquêtes officielles conclurent donc que l'escroc Bryan Vecler avait agi seul, qu'il avait tué Leederman, et qu'il était en fuite dans un quelconque paradis fiscal.

La vérité ne fut jamais dévoilée au grand public. Personne ne sut qu'une invasion d'extraterrestres avait bien failli se produire. Juddy n'en souffla mot au *New York Times*, ainsi qu'il l'avait promis à Douglas Layne.

Les rapports entre Juddy et Marie étaient au beau fixe. L'aventure avait définitivement resserré leurs liens, au point que ce qu'ils vivaient désormais était hors norme. Juddy n'aurait jamais pensé qu'un amour puisse être aussi platonique ; Marie, quant à elle, acceptait de plus en plus fréquemment les caresses de son ami tout en refusant de passer à l'acte.

L'été commençait à pointer son nez. Juddy le sentait bien, ce matin-là, en se rendant au journal. Depuis que Marie et lui avaient emménagé dans un appartement commun, en plein Manhattan, Juddy se rendait au travail à pied. C'était très agréable.

Juddy était particulièrement bien dans sa peau, il avait atteint une sorte de plénitude. Comme si cette affaire l'avait débarrassé de ses doutes, de ses angoisses.

En arrivant devant l'entrée du journal, il fut attiré par une pancarte en bois, placardée contre la vitrine de la petite épicerie voisine. Elle indiquait un prochain changement d'enseigne. Ce détail lui fit battre le cœur. Il pénétra dans l'épicerie, salua le brave épicier qu'il connaissait depuis des années, et l'interrogea sur la signification de cet écriteau. « Eh oui, je prends ma retraite ! », l'informa-t-il. « Ici, ça devenait trop cher pour moi. On m'a fait une offre très intéressante pour le local, une opportunité que je n'ai pas voulu laisser passer. Vous savez, les chaînes de magasins de téléphones mobiles, elles ont les moyens ! Ils vont ouvrir une boutique, ici, à ma place ».

Juddy restait silencieux. Il n'entendit pas l'épicier lui demander s'il se sentait bien. Il revivait la visite de New York qu'il avait fait faire à Ryben en planant. Il se souvenait parfaitement que deux choses l'avaient interpellé : l'absence totale de vie dans toute la ville, et cette boutique de téléphonie, en lieu et place de l'épicerie. Du fond de sa mémoire surgissaient par bouffées les mots d'un texte qu'il avait longuement étudié. Il comprenait soudain le sens de la fin du premier chapitre du *Manifeste* de Ryben :

« En survolant ensemble ces futures contrées
Nous nous rapprocherons nettement du passage
Bientôt vous comprendrez le sens de mon message
Y-a-t-il une autre vie disons qu'en quelque sorte
Ryben vous ouvrira de l'Éden la porte ».

Imprimé en France
ISBN 2-91568-08-8
Dépôt légal : 2e trimestre 2005